俺是外交官

劉瑛　著

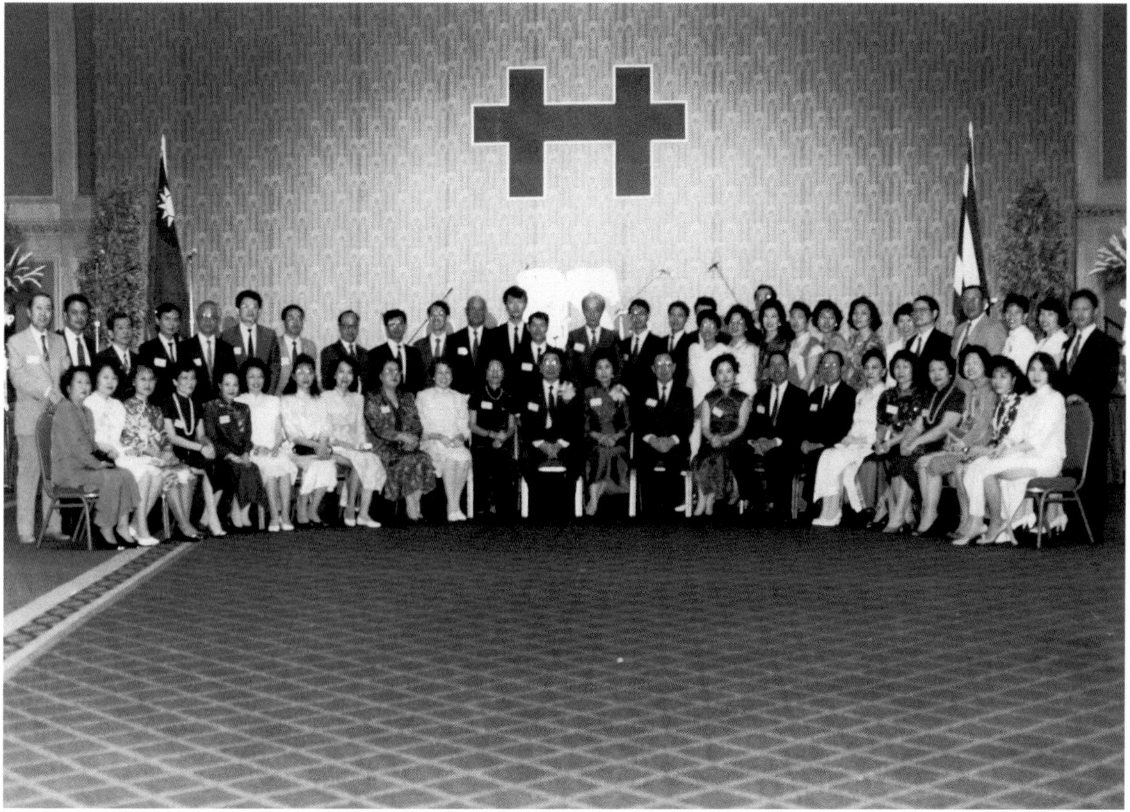

◎ 民國七十九年國慶酒會後工作同仁合影。

◎ 民國八十一年九月蕭萬長先生（右二）、蕭夫人（右一）、劉泰英（左一）、吳子丹先生訪泰，在代表寓所晚飧。

◎ 民國七十八年七月，當時外交部長連戰博士偕同夫人訪泰，作者在寓所歡宴後合影。

◎ 東加國王杜包四世訪泰，作者在寓所邀宴，由僑領張政銘先生安排。

◎ 作者訪泰北，難胞列隊歡迎。

◎ 民國80年12月29日真頓方丈（前排左一）奉泰王授封華僧尊長

◎ 作者（右）與前任外交部長程建人先生合影。

序

筆者第二次外放之時，正兼任國民大會秘書處的外事主任。交卸職務後，向秘書長郭澄先生辭行。郭先生說：「你們外交官，要作好國際關係，必須先作好人際關係。國際關係，也就是人際關係。」

一語中的，說得真好。

民國六十九年初，筆者奉派出任駐約旦代表。基於郭澄先生這一段話，銳意改善對約旦王室的關係。五年任滿返國，行前赴約旦王宮向王儲哈山親王辭行。王儲竟寫了一封情文並茂的信要筆者帶呈我總統經國先生。信的開頭說：

……本人今日趁貴國劉代表瑛閣下在約旦長而又忠實的服務後返台之便，為他對兩國人民友好而互利的關係上所作的寶貴的貢獻，謹向閣下表示我誠摯的謝意與感激。……

或許是因為這封信，九年之後，層峯再派筆者到約旦任代表。時間為民國八十三年二月。筆者還在曼谷任駐泰王國代表。

赴任之初，部長錢君復博士交代筆者三事。其中之一便是改善與約旦王室的關係。

之後，我在約旦待了三年。三年之中，曾安排由王儲哈山親王具函邀請我李總統登輝率團訪約兩天，全班人馬居停王宮之中，其後又安排外交部長章孝嚴夫婦率團訪約，接受名譽學位，也居停於王宮之中。我也邀請並陪同王儲長女蕊荷馬公主率團訪華。安排並陪同國王長子阿不都拉親王訪華。舉凡國內有任何指令，筆者交涉請託哈山王儲或阿不都拉親王，都能獲得他們的賜助，一一解決。有一次，十位外交記者訪約兩天，為安排他們觀光名勝，商得阿不都拉親王派直昇機作為他們的交通工具。而且在阿卡巴港搭乘國王遊艇遊港。筆者臨離約旦返國退職前，向王儲辭行，還洽准王儲函邀我副總統連永平博士訪約旦。

這些雙邊關係，都是從人際關係得來。筆者發現：要改善人際關係，必須雙方都有誠心、都有善意。

記得剛返國退職之時，筆者因為患有攝護腺癌、腎臟癌，兼有心律不整的毛病。攝護腺固然照射放射線，連根消滅掉。左腎也因而全部切除。取得中度殘障手冊。「點數」夠，獲准僱用一位外勞護士。某日，一位同仁來家聊天，看到外勞，立即用諷刺的口吻說：「劉瑛，你怎麼可以僱外勞？」。我告訴他：「我有殘障手冊。」他又質問：「你從哪裡弄來的殘障手冊？」（後來法令更改，我「點數」不夠，便沒再僱外勞了。）

記得讀大一時，教「法學緒論」的教授梅仲協先生說：「中國人和西洋人對法律的基本觀念不同。國人愛認定：『你是有罪的，除非你能證明你無罪，否則，你是有罪的。』西洋人認為：『我是清白的，除非你能證明我有罪，否則，我是清白的。』」

本書中，筆者所寫的，都不外乎「人際關係」。人與人相交，貴乎心誠意善。若未審先判，認為別人有錯，抱著這種態度去和人相交，實在太偏激，可能引起十分不良後果的。

筆者秉筆直書，書中容或有措詞不夠恭順之處，且先此致歉了。

◎ 夫人胡富香女士分贈食米（食米是數天前貨車運送上山）給泰北難民。

目次

趣聞

◎ 民國72年2月阿不都拉立法委員（切蛋糕者）率宗教訪問團訪約旦。左起：約旦外交部司長法拉擠、作者、阿委員、石樂山教授、李法依夫人、李法依、林際可、定中明。

◎ 作者晉見賴索托國王莫削削二世

奇譚

◎ 宴請波札那總統塞勒茲卡碼，右為胡富香女士（作者夫人）。

◎ 作者第一次隨經濟訪問團訪問中東，右起張添能先生、蕭萬長先生、徐有庠先生、作者。

糗事

◎ 作者晉見史瓦濟蘭國王索布胡沙。

◎ 民國五十八年著者陪同賴索托總理約拿旦晉見嚴副總統家淦先生。

趣聞

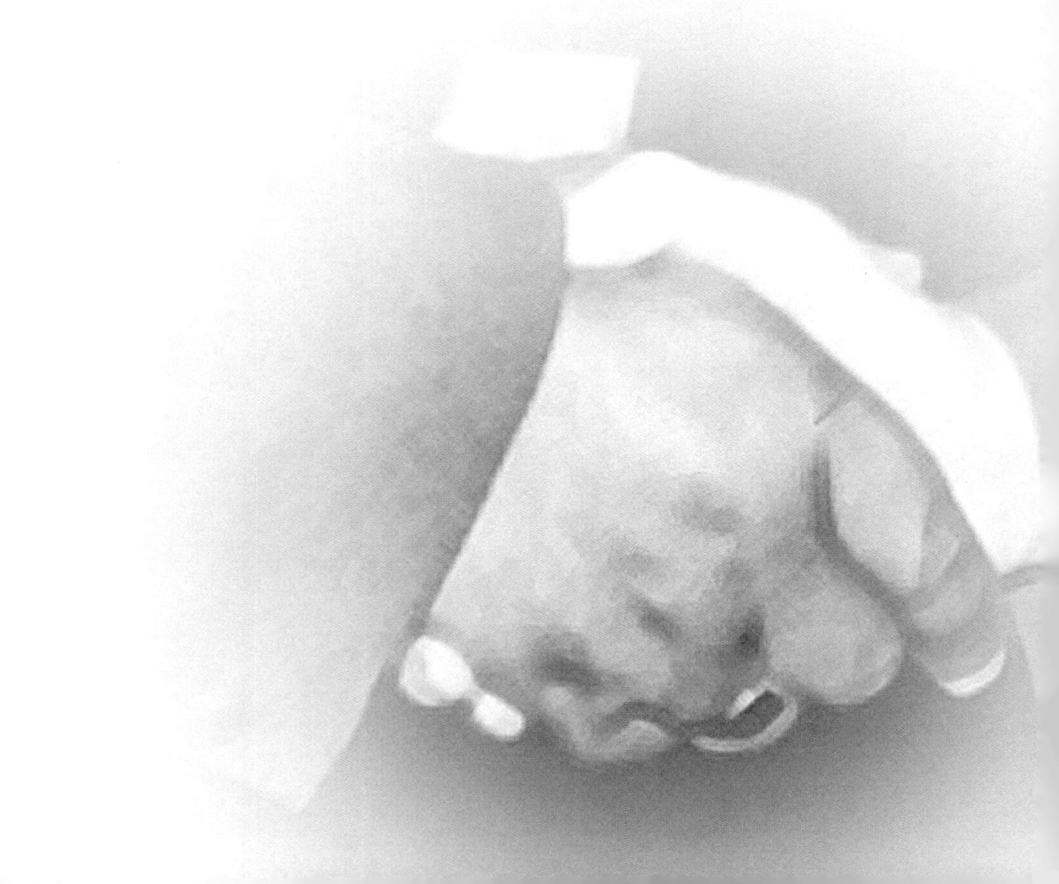

一　蔣夫人的外交機智

回答記者的問話，是對一個人的機智和口才的考驗，筆者第一次任駐約旦代表時，最愛看胡笙國王記者會的電視錄影節目。

胡笙國王個子不高，但莊重大方，很有王者之風，答記者問話時，總能滔滔不絕，間以幽默口吻，使聽者不倦。每次有刻薄的記者提出非常尖刻的問題時，他總是旁敲側擊，說上個好幾分鐘，實際上完全沒有進入問題的中心。說了等於沒說。但記者總不能說沒聽懂，再要胡笙國王重作解說吧？因此也只能不了了之。

蔣夫人宋美齡女士，實是女中豪傑。她跨越三個世紀，活了一百多歲。她不但英文能力強，表達能力佳，口才、機智也都是一流。遇見國家有大問題時，蔣總統還會要她出主意，參與決策。中日抗戰期間，她銜命赴美國交涉、演說，獲得美國朝野的大力支持。那真是一次最漂亮的外交出擊。

一九四九年，國民政府播遷來台，國步艱難，民生窮困，民國五十年代，蔣夫人又銜命赴美，爭取美國政府對我國的支持，也爭取美國人民對我國的同情。某次演講會上，演講完畢，若干記者提出問題，蔣夫人都一一予以答覆。最後，竟有一位非常沒禮貌的記者提出一個非常不得體的問題，他說：「聽說夫人已經六十九歲了，又說夫人只有六十五歲，夫人究竟是六十九歲還是六十五歲？」

在西方國家，問一位女士的年齡是極不禮貌的事，這位記者居然在大庭廣眾的演講會上提出這樣一個無理的問題，簡直是一種侮辱！然而，夫人依然面帶微笑，從從容容的說：「假如我今年六十九歲，那麼我四年前是六十五歲。若是我今年六十五歲，四年後便是六十九歲了。」發問的記者連聲稱「是」，而且低下了頭。因為他發現許多同行都正用不屑的眼光看著他呢。

這雖是一件小故事，但從這件小事中，蔣夫人已經充分表現出她的氣度、機智和辯才。

二 葉公超的「偷天換日」

筆者四十六年六月進外交部，當時，外交部長是葉公超，次長是胡慶育和時昭瀛，胡慶育的國文、時昭瀛的英文，都是一時之選。

葉公超從小赴美，中學大學都在美國讀的，大學畢業後，又赴英倫讀劍橋大學，獲得文學碩士學位。葉公超大學時代所選修的第二外文是法語，並曾赴巴黎大學研究院研究了一年，才返國工作。歷任北京大學英文講師，並在暨南、清華、西南聯大等大學任英文系教授兼系主任，最後，他考取法語翻譯員，進入外交部工作。葉公超不但中、英、法文都很強，又精於詩書畫，一時有才子之稱。

時昭瀛的英文程度也非常好。筆者讀大學時，常閱讀《學生英語文摘》月刊。其中最多的，是梁實秋和時昭瀛的文章。梁實秋的散文《雅舍小品》便是由時昭瀛譯成英文的。

有一天，時次長擬了一個英文稿，呈給葉公超部長。那篇文稿有三頁之長。葉部長看過之後，改動了一個字。文稿退給時次長，時次長看完之後，十分不高興、不服氣。他寫了兩頁的理由，說明他那個字絕不可更動。原稿和解說的文字一併再送呈葉部長考慮。葉公超看到之後，正預備批示，而官邸有急電，找他立刻到士林見老總統蔣公。葉部長隨即驅車赴官邸，在官邸整整商議了一個下午。而後，蔣公又留他吃晚飯，繼續商討要公。次日接待某友邦元首來訪，又花了一天工夫。第三天他回到辦公室時，發現辦公桌上又多了一份時次長的辭呈。

葉部長覺得茲事體大，立即請時次長到部長辦公室。葉部長對時次長說：「第一，我同意你的英文原稿一字不改；第二，希望你撤回辭呈。」

時昭瀛也是有名的才子脾氣，堅持不撤回辭呈。於是葉公超說：「你的英文文稿，我已經同意不改，用你原來的那個字。但你的辭職簽呈，我可要改半個字，你同不同意？」

時次長說：「只要不改主文，我同意。」

葉部長說：「好。」

公文程式的規矩，每一件公文都必須註明擬稿的年、月、日。於是葉公超把時次長的擬稿日期「四十三」年，在三字上添了兩直，「三」字變成了「五」字。時次長看了，啞口無言。葉公超並沒改他要辭職的主文，但日期卻延晚了兩年。他若要辭職，必須再等兩年才能提出辭呈。一場風波，就此結束。

這雖然是一件小事，但從這件小事，我們便能看出葉公超的大度、幽默感和智慧。哲人已矣，但他生平事蹟，有好多值得後輩稱道和學習的。

三　辜鴻銘的謔聯

辜鴻銘是清末民初有名的學者、名士、才子。他和曾任外交總長（部長）的伍廷芳博士是好朋友。但文人相輕，辜鴻銘並不十分尊重伍廷芳。伍朝樞是伍廷芳的公子，也曾出任過外交部長，他們是民國成立以來唯一都做過外交部長的父子檔。伍廷芳逝世，伍朝樞辦完父親喪事之後，特地枉道去見辜鴻銘，向他述說父親逝世和辦理後事的經過。雙方略事寒暄之後，便自然切入正題。辜鴻銘先將伍廷芳誇讚了一番，說他留學美國學法律，取得博士學位，曾在香港任律師，出使友邦，歷任軍政府總理、外交總長，學有專長，忠貞體國等。說得伍朝樞心存感激。於是伍朝樞向辜鴻銘說：「先父憂國憂民，曾經一夜之間，頭髮全白。」

辜鴻銘說：「這到有許多先例，戰國時你們老祖宗伍子胥，由楚國逃往吳國，幸得東皐公為他策劃，他一夜之間，鬚眉全白，終於過了昭關。南北朝時，梁朝的散騎常侍（官名）周興嗣奉皇帝的聖旨將一千個不同的單字編成一本有意義而且協韻的書，供皇子們誦讀。周興嗣一夜之間將一千個單字編成了有名的『千字文』。次日呈給皇帝。而他的頭髮，也是一夜之間全白了。」

伍朝樞又說：「國人多用土葬，先父卻是火葬的。在我國來說，也不多見。」

辜氏說：「火葬土葬，沒有太大的分別，我近來正批讀水滸傳。水滸傳裏，武大郎便是火葬的。那是宋朝時候的事。可見火葬，古已有之。」

按水滸傳中，潘金蓮和西門慶通姦，潘氏毒死親夫武大郎，並將武大郎火葬，完全是湮滅證據的罪行。把自己的父親和武大郎相提並論，伍朝樞心中很不受用。但辜鴻銘是父執輩，伍朝樞不好意思駁斥，臉上卻已現出不愉快的樣子。隨即告辭而去，賓主兩方面實是不歡而散。但辜鴻銘似乎意猶未盡，數日之後，他又特地寫了一封信寄給伍朝樞。信中免不了是一些「節哀順變」等慰唁之辭。但信後卻附了一付對聯。

上聯是：一夜白鬚眉，難得東皋公定計。
下聯是：片時留骨殖，不用西門慶花錢。

伍朝樞看了，當然恨恨不已。按辜鴻銘能通數國文字，他曾將《論語》一書譯成英文。他有一篇論中華民族民族性的文章，認為中華民族的優點有五：寬、深、簡、雅、柔。寬是寬厚為懷，深是不淺薄，簡是以簡御繁，提綱挈領。雅是不俗氣，柔是溫柔婉轉，不作暴虎馮河之舉。但他的這付對聯，實有失溫柔敦厚之旨，既不合乎中華民族的民族性，也有違論語中的教訓。

四 胡世澤先發制人

我國曾任聯合國副祕書長的胡世澤博士是聯合國有史以來唯一精通四種官方語言的聯合國高級官員，他最拿手的是俄文，其次是英文、法文和西班牙文。中文只能排在第五。他的父親胡惟德曾任國務總理、外交總長。他的兩個兄弟胡世勳、胡世熙也都做過駐外大使，堪稱一門俊彥。

胡世澤在聯合國工作時，某日，一位日本友人請他到寓所便餐。因為不是正式宴會，他只穿便服前往赴宴。到了日本友人所住的那棟公寓，一敲門，開門的竟是一位白人老太太，屋子裡完全沒有宴客的景象。他知道敲錯了門，說了聲：「對不起」，便要離開。誰知那位老太太竟要他在門口等一下，然後拿了一大堆衣服出來。

那是民國四十幾年的事，當時，紐約有好些華人以開洗衣店為業。由於同行競爭激烈，有的洗衣店會派夥計到各公寓收取衣服，洗畢之後再送回。那位老太太以為胡世澤是來拿衣服洗的。胡世澤先發制人，他對老太太說：「夫人，真抱歉，我是聯合國副祕書長。雖然薪水不高，卻也從來不買二手衣服。恐怕您要另找主顧呢。」

說完話，胡先生轉身走了。那位老太太愣在當地。她把人家看作洗衣店的夥計，自己卻被人看成要賣中古衣服度日的窮太太！也只能說咎由自取吧。

五 胡世熙大使的謙虛

曾看到報上登：「外交部某位先生精通六國文字。」筆者看了，只覺得好笑。不要說精通六國文字，只要能把國文精一精，通一通，已是難能可貴。以英文來說，能說得通順，寫的不出大錯，就算不錯了。

筆者任司長時，老一輩的大使胡世熙賜給我一本他用英文、法文和西班牙文翻譯的《朱子治家格言》，我道過謝後，對胡大使說：「大使您真了不起，能精通這麼多國文字。」

胡大使說：「我有甚麼了不起？朱子治家格言我壓根兒就看不懂。我是由一位同事逐句給我解說之後，才意譯出來的。」胡大使外文很行，中文卻不太懂。

筆者一九四九年進入台灣大學政治系就讀。當時，本省同學多操日語。筆者因而選修了三年日文，和本省籍同學有時也以日語交談。進外交部後，第一次外放法語國家，現炒現賣，學了兩年法語。任參事時在中美洲工作了三年，強迫中獎，又學了三年西班牙文。有同事說：「大使真了不起，精通英、法、日、西四種外語。」

筆者的答覆是：「我除了英文略知一二外，日文、法文、西班牙文只能說認得幾個單字。如斯而已。」胡大使能通三國語文，而仍以不通中文為憾事。長者謙虛的態度，實令人佩服。

六 胡適以牙還牙

當外交官，個人的尊嚴要十分珍惜，因為外交官不但代表他自己，還代表他的國家。若有人對你說些不禮貌的話，你必須回敬他。但必須要有技巧，要有幽默感。而且很婉轉，才算高明。

胡適之任駐美大使時，有一次應邀赴某大學演講。主講的連他共兩人。他因緊急公事，耽誤了幾分鐘。到達演講場所時，另一位主講人正在演說。他為了不驚動聽眾，在聽眾席最後一排坐下。旁邊是一位趾高氣揚的年輕人。看他年紀，可能是研究生或高班學生。

胡適剛坐下，那位年輕人問道：「Mister, What nese are you?」通常有禮貌的人稱呼年長的人為Sir。約旦國王答記者問時都稱對方為Sir。稱別人為Mister，已是不禮貌的行為。（若稱Mr. Chang, Mister Lee，則當然沒有問題。）再問人家叫什麼-nese，更是可惡！

胡先生微笑的答問：「什麼 -nese？」

那位年輕人說：「我的意思是說：你是Chinese, Japanese 還是 Vietnamese？」

胡適仍然保持微笑的態度，說：「我是 Chinese。」然後，他反問那位青年：「What ~ key are you?」意思是：你是什麼 K E Y。

那年輕人不懂：「什麼ＫＥＹ？」

「我的意思是說，」胡博士接口道：「你是 Yankee（美國北方人）donky（共和黨員、頑固的人）還是 Monkey（姦商、頑皮的孩子）？」

那位青年自討沒趣，只好結結巴巴說：「我是紐約客（New Yorker，即紐約人）。」

但他心有未甘，還要刁難胡適。他再問：「台上那位先生的演講你都聽得懂嗎？」

胡適說：「他是我的學生。雖然說的不太讓我滿意，總算他盡了最大的努力了。」

那位青年這才服服貼貼的不敢再囉嗦。而後，主辦人員發現了胡適，請他坐上講臺。接著便由胡適演講。胡適是有名的哲學家，他演講的題目是儒家哲學。他的英文程度好，口才也是一流。他深入淺出，詮釋了儒家的見解。且不時插入有趣的小故事，雜以幽默笑話，博得聽眾好多次的熱烈掌聲。

演講會結束之後，在出口處，胡適正好遇見了那位青年。胡適對他笑笑，那位青年一臉尷尬，溜了。

七 朱撫松明察秋毫

外交部同仁，有相處得如同一家人的，也有相處得如同仇人的。有館長告館員，使館員坐牢的。也有館員告館長，使館長坐牢的。不一而足。

筆者任司長時，外放不久的同仁，常有來信向我訴苦。說館長無能，說館長貪錢、好色、外文能力差、待人刻薄，不一而足。我給他們回信，總是先引用論語中孔子講的話：「三人行，必有我師焉。擇其善者而從之，其不善者而改之。」我甚至還說：「館長好你們應該慶幸，因為可以向館長學到很多東西。館長若能力差，外文程度低，品格又壞——貪財好色，那你們更值得慶幸。因為：像你們眼中認為極其低劣的角色都能作到館長，你們將來不是一定會比他升得快、爬得高嗎？只是，你們必須針對館長的缺點，勤讀書以增加辦事的能力，苦K外語使自己能和駐在國的官員溝通順暢，對於財色，更應謹慎。如此，豈不是能成為一流的外交官？」

最近在外交部審閱舊檔案，發現一樁很有趣的事：

那一年，楊西崑任駐南非共和國大使，部方派桂宗純為大使館公使。楊、桂二人曾在駐聯合國代表團裡共過事，兩人似乎為一件小事意見不合，發生爭執過。部方派桂某任公使，楊某不太喜歡，但又無法拒絕。於是楊大使特別發了一個專電呈部，請示「桂公使之任命，是否宜徵求駐在國的同意？」

依照國際慣例，甲國派大使駐箚乙國，須徵求對方的同意。乙國同意後，甲國才能發佈人事命令。否則，便要另覓人選。大使館的公使，不過一個館員，是不必徵求同意的。楊大使的電報，不過示意他不喜歡部方所派人選，部裏收到電報後，還鄭重其事，由人事處和非洲司聯名擬了一個電稿，指示楊大使：「不必徵求駐在國同意。」

電稿最後呈部長朱撫松核。朱部長一看來電，便洞悉一切。他把復電稿的「不必徵求駐在國同意」一句話給劃掉，改為「請依規定辦理。」意思是說：你楊某人作了那麼多年的次長，難道還不知道應該怎麼處理？即使你不喜歡公使人選，但部方既已派定，你也只能接受。

朱部長這一句「連消帶打」的話，同仁們看了，莫不豎起大拇指，說：「高。部長果然是部長！」

八 葉公超智服老美

葉公超是我國歷任外交部長任期最長的一位。一任達八年十個月之久。抗戰期間，他出任中央宣傳部國際宣傳處駐倫敦辦事處主任。一九四九年政府遷台前，他是外交部次長。不久即升任部長。

二次世界大戰後，我國國力大損，人民生活窮困，政府財政支絀，美國成立善後救濟總署，將作戰剩餘物資，分贈友邦。贈送給我們的有衣物、被服、奶粉、罐頭，甚至藥品、血漿等等，種類十分繁雜。政府因為財政艱難，於是把這些物資廉價賣給人民，得款以挹注政府的開支。

血漿以廉價賣給西藥商，西藥商竟以高價轉賣給病患。適逢美國一位記者到我國採訪新聞，把藥商賣血漿的事加油添醋，大事報導，引起美方的不滿，派員到南京向我政府抗議。美方派出的兩位大員，先禮貌拜會了蔣委員長，而後到我外交部正式提出抗議，由外交部次長葉公超接見。葉次長對兩位美國大員說：「假如我送給二位十公斤牛肉，那這十公斤牛肉是屬於你的，還是屬於我的。」

兩位大員說：「當然屬於我們的。」

葉公超又說：「那麼，你們要把這些牛肉拿來紅燒、或者清燉、或者火烤、油炸，甚至乎送人，我還能管得到嗎？」

「當然管不到。」

「那麼，我能要求你只能在晚上吃，中午不可以吃，行嗎？」兩位大員已經有點怯意了，說：「恐怕也不行。」

「那好。」葉公超說：「你們把這些剩餘物資贈送給了我們，那便是我們的東西，我們有權處理。政府財政支絀，把這些東西賣了來補貼；或者我們拿來送給比我們更需要的國家，你們當然也管不到。是不是？」

兩位美國大員覺得錯在自己一方。大不了將來不送東西給中華民國，既然已經送了，便不能要求中華民國如何處理。雙方相談不到半小時，事情解決了。美國大員道歉而去。

這件事曾經在報上喧騰了一些時候，然後由於葉次長說話得體，理由充分終於把這一事件畫上了句點。

九 劉某官小頭銜大

近讀我們家的祖譜《劉氏家譜》，為高祖父、曾祖父們撰寫壽序的親戚，在清代的官銜，常是數十字之多。即以伯曾祖父養素公為例，他的頭銜是：誥授光祿大夫、賞戴花翎，甘肅按察使司按察使、遇缺提奏佈政使、前統領江東水師、圖薩太巴圖魯。共四十三字。但後段十八個字係湊數的，不能計算在內。

筆者第一次外放到北非的茅利塔尼亞，職銜是：「中華民國派駐茅利塔尼亞伊斯蘭共和國大使館三等秘書銜助理三等秘書。」在別的國家中，他們較三等秘書低一級的外交官多稱「隨員」（Attache），「助理三等秘書」，實際上便是「隨員」。不知誰發明「助理三等秘書」這一個名詞，是其他國家外交人員都沒有的「職位」。是以外交部總給加上一個三等秘書銜。助理三等秘書要升成三等秘書，第一，他要在此一職位上服務三年以上。第二，他三年的工作考績平均分數要在八十分以上。但這個「名詞」沒用多少年，後來取銷了。荐任科員第一次外派，都是三等秘書。

話說那是民國五十一年。我駐茅大使館只有參事代辦定中明先生和我兩人。茅京諾克少原是一個漁村。劃定為首都後，才開始建設。最初人口只有八百五十人！茅國地處摩洛哥南面，緊隣沙哈拉大沙漠。每天早晨七八點開始起風，黃沙瀰漫空氣中。土人在外行走，莫不以紗巾遮住口鼻。能見度通常不到一百公尺。氣溫卻直線上升。晚上睡覺要蓋毯子。白天日正當中之時，氣溫一定飆到攝氏三十度以上。家中門窗緊閉，仍難阻風沙入侵。才掃過的地板，十分鐘以後，又已鋪上了一層粉沙！

當地居民，百分之八十五以上是阿拉伯人。其餘是黑得像木炭一般的烏魯伏人。共通語言是法語。大使館工作實在太少。一個星期也難得有一兩件公文。筆者當時的工作，一是猛K法語。一是抵抗風沙。

定代辦原係我駐黎巴嫩大使館參事，他隻身先到茅京開館。筆者到任不久，他奉准休假三週，赴黎巴嫩接眷。他離任期間，外交部也核准由筆者以臨時代辦身分，暫代館務。館長離任之前，筆者依例擬了一個法文節略，通知駐在國外交部：本館館長定中明閣下赴國外度假。離任期間，館務由本館三等秘書劉某以臨時代辦身分暫代。

茅外交部很快就回了節略。對於本人以臨時代辦身分代理館務一節，表示同意。定代辦離館的當日，我又擬了一個電報，將全部情況報部。當時的規矩，發電的人要在電文後寫出自己的全銜和姓名，以示負責。我當時的頭銜連名帶姓是這樣寫的：

「中華民國派駐茅利塔尼亞伊斯蘭共和國大使館三等秘書銜助理三等秘書暫代館務劉瑛」

敬叩。

單是頭銜便是三十五個字。有清一代的作法，官銜前常加上「賜進士出身」。銜後加上「前」所擔任職位的名稱來湊數。若是照這個方式，筆者官銜之前還可加上：「台灣大學法學士、高考外交官領事官及格」，後面添上「前外交部禮賓司荐任科員」等字樣。那就更有可觀了！

十　公超先生二三事

筆者從事外交工作整整四十年。四十年間，我發現：凡是頭腦聰明、反應快速、能力超強的長官，大多數都有脾氣。有時甚至不講理。葉公超任部長時，他的副官王仲文便經常無緣無故的受到責罵。有一天晚上，十一點了，突然電話鈴響，王仲文一接聽，對方說是聯合報的記者于衡，有緊急的事要找部長。王仲文把話筒交給葉公超，並報告來電者是于衡。葉公超聽完電話之後，突然聲色俱厲的罵道：「部長也是人，也需要休息。三更半夜，你為什麼還要我接聽電話？」

王仲文無言以對。

過了幾天，又是晚上十一點多，電話聲響，王仲文接電話，也沒問何人何事，便直截了當的說：「對不起，部長已經休息了。」然後掛上電話。不料葉公超又罵道：「人家三更半夜打電話來，一定是有要緊的事。你憑什麼不讓我聽電話？」完全不講理。

筆者一九六一年第一次外放時，部長是黃少谷。一九六八年任科長時，部長是魏道明博士。葉公超已由駐美大使調回國內任行政院政務委員。一九六九年，我的一個科員結婚，葉公超係證婚人，我則是介紹人。喜宴中，我有幸被安排坐在葉公超的右手邊。閒談時，葉公超說：「我同你們部長（指魏伯公（道明））不一樣，我是考翻譯員進外交部的，算是科班出身。」

我說：「魏伯公有一點比不上您。」

葉公超問：「他哪一點比我差？」

我說：「伯公民國前十三年出生，民國十六年二十九歲任司法行政部長，他現在七十一歲了，還是部長。四十多年來，一級也沒升。所以您升官可升得比他快多了！」葉公超只能笑笑。

但葉公超也有非常有人情味的一面：一位少女同事穿著短裙上樓梯，後面跟了一位傅姓年輕科員，這位科員由下往上看，不但看到那位小姐白嫩的大腿，甚至差一點便要看到小姐的內褲，於是情不自禁，在那位小姐大腿上摸了一下。那位小姐除面斥傅科員外，並向人事處告狀。人事處科長非常不高興，擬了一個簽呈，建議對傅科員嚴予懲處。簽呈最後呈到葉部長面前，葉公超心有不忍，把人事處的科長叫到辦公室，問他「擬如何嚴予懲處？」

那位科長說：「記小過一次」。

葉公超說：「廣告為什麼要用穿得清涼而又面目嬌好、身材曼妙的少女為幌子？」

「那是因為要引起男人的注意。」

「男人為什麼會注意？」

「當然是天性使然。」

「假如廣告用穿得整整齊齊、包得密密的老太太呢？」

「那便沒人看了！」

「要是傅科員看到的是穿長裙、或穿長褲的小姐，會不會發生同樣摸大腿的行為？」

「大概不會。」

「那好。」葉公超說：「好色而慕少女，人之常情，少女太過暴露，等於是廣告商要引起人們注意的心理。傅科員當然不對，但他已向我悔過了，而且被我狠狠的罵了一頓，也就算了。若要記過，這會在他人事資料裏永遠留下一個污點，實在太過分了些。而那位小姐衣著太少，也有不是。你說是不？」

那位科長無言以對。於是葉部長在簽呈上批示：「情不自禁，如何其可？姑念初犯，再犯記過。」

一場風波就此打住。那位科員只被部長罵了幾句而已。

十一 軍人部長的作風

每一次卸任使節聯誼會舉行餐會，筆者是從不缺席，一則可和老同事會面，聊聊「想當年」，一方面也算是退職後生活的一點點綴。

每次參加餐會的，都在四十人左右。有一次，筆者興起，特別計算了一下，除了我們這些職業外交官外，由軍方轉任大使的，幾乎佔了非職業外交官轉任駐外使節的極大百分比，而這些軍官大使又大都當過總司令。作過海軍總司令的有馬紀壯、黎玉璽、宋長志、鄒堅、莊銘耀、顧崇廉。當過空軍總司令的有王叔銘、陳嘉尚、陳衣凡、黃顯榮。當過陸軍總司令的有黃幸強……等等。

有一次餐會中，一位年輕剛退職的代表問筆者：「有沒有當過部長的軍人？」

我說：「有。而且有三位。」

「哪三位？」

「他們是：蔣中正、張群和黃郛。」

蔣公和張岳公，知道的人當然很多。但知道黃郛的，恐怕不多。

依照外交前輩劉達人博士的說法，我國外交部部長的職位，從民國建立至今，共分四個時期。大總統府時期，自民國元年至民國十七年是為第一時期。在此期間，主管外交事務的最高職位稱外交總長。第二個時期為廣州軍政府時期。主管外交事務的，也稱為外交總長。自民國六年至十七年，兩時期有十二年相重疊，那是南北政府相對立的原故。民國十七年，國民革命軍北伐成功，全國統一，國民政府在南京成立，主管外交事務者稱外交部長。由民國十七年到民國三十八年政府遷台，是為第三個時期。政府遷台後，為第四個時期。

北伐成功後，國民政府的第一任外交部長便是黃郛。在筆者前面所提三位軍人部長中，黃部長實是第一位軍人部長。有趣的一點是：他們三位都曾經留學日本。黃郛字膺白，浙江杭縣人，自浙江武備學堂派赴日本，入東京振武學校。後又進入日本參謀部所設陸軍測量部地形科肄業。在日本加入同盟會，辛亥革命那年，他協助陳其美光復上海，任參謀長兼第二師師長。民國成立，又兼任南京臨時政府的兵站總監。國民政府定都南京，他出任上海市長，外交部長等職位。民國二十五年謝世，享壽僅五十八歲。筆者初進外交部禮賓司工作之時，幫辦（副司長）江錫齡先生曾說起黃部長的一些事蹟。他說黃部長完全是軍人風格，作事簡單明快，絕不拖泥帶水。

有一次，一位旅義大利華僑病逝僑居地，遺產只有一百五十塊美金。這位華僑事先便立了遺囑，把這筆錢經由我駐義大利大使館辦文捐回國內，並且指定：「這筆錢只可用於對抗西方文化侵略。」黃部長看了這封外館的公文後，覺得又好氣、又好笑。他在公文上批道：「本部長在任一日，絕不用此臭錢！」這種批示，直截了當，完全不用外交修辭。正是軍人本色。

十二 有骨氣的斯頌須大使

有一個故事說：英國和日本兩國駐某國大使，彼此之間存有芥蒂。日本大使因公事要找英國大使洽談，英國大使館秘書總推說「大使不在」。一天早上，日本大使看見英國大使到使館上班。他親自打電話去。這次是英國大使親自接的電話。電話中，他對日本大使說：「大使不在！」日本大使不高興，竟衝進英國大使館，衝進英國大使辦公室，咆哮說：「你分明在，為何說不在？」英國大使說：「英國大使親口說『英國大使不在。』他當然不在」。他對祕書小姐說：「請告訴日本大使閣下。英國大使說他『不在』，等英國大使說『英國大使在』的時候再來。」說完，他自顧自的走出辦公室。讓日本大使愣在當地。

這一個故事的真實性且不談，前我國駐馬爾地夫大使卻真正碰到類似的尷尬。筆者任亞司副司長時，司中有好幾位大員：大使回部辦事斯頌須。公使回部辦事定中明，他是筆者第一次外放任三秘時的館長。總領事回部辦事保駿迪，他是筆者進部任科員時的幫辦（副司長）。還有兩位參事回部辦事。斯頌須大使一向不畏權貴，直道而行。是一位是非分明、善惡必辨的君子。筆者頗為心儀。

外交部的配置，司長和副司長有單獨的辦公室。其他職員包括回部辦事人員都集中在大辦公室中工作。斯公雖曾任大使，但十分謙和。論成規，回部辦事人員只是拿一份薪水，不必辦事。但斯公每週總有一篇政情分析，交給我看。我看完之後，再呈司長。轉呈主管次長。有時，他也會踱到副司長室和筆者閒談。他的報告係用手寫，字跡不甚整齊。主管次長楊西崑很不滿意。打電話給筆者。說：「斯某人字跡草率，內容空泛，這種報告，要他以後不必寫了。寫了也不必呈上來！」

適逢斯公在筆者辦公室，聽到楊次長的聲音。他罵道：「楊西崑又怎麼樣？作威作福！」然後，還罵了幾句很難聽的話。筆者設法把談話的焦點轉移到他出使馬爾地夫的往事。他說：「那時，我們還是聯合國的會員。而且是五個常任理事國之一。館中只有我、和一名連英文都不會說的主事。每年為交涉駐在國政府支持我國代表權一事，就得讓我忙上個把月。其中艱苦，實非三言兩語所能形容。偏偏那時馬爾地夫正醞釀要和中共建交。是以，我這個大使夾在中間，實在難作。

「外交部不管駐在國的國情，每次交涉代表權的問題，總是命令我要將一應文件面交駐在國外交部部長。那一年，我又收到同樣的指令。但每次我要當地僱員電話外交部約見部長，對方總說『部長不在』。有一天早上，我要司機將館車開到馬外交部門口，我坐在車上靜等外長來上班，不一會，部長抵達。他前腳進門，我後腳跟上。他一進辦公室，我一敲門，跟著進去，親手把一應文件交給他，他一語不發。誰知我才回到大使館坐定，馬國部長後腳也趕到，把所有文件原封不動的交給我，還是一語不發，轉身離去。」然後，他又補了一句：「結果你當然知道。」

筆者深諳外交官的辛苦。對於斯大使的遭遇，十分同情。

於是筆者說：「我深深了解中華民國外交官的難為。有些大使館，大使受的壓力太大，把脾氣都發在同仁身上！聽說你從前任參事的時候大使還打人呢。」我曾聽說他曾被大使打了一個巴掌。

「那倒不是。」他辯解說。「不是大使打人，是我打大使。他種種劣蹟，並不關我事。但他竟打壓我。那一天，我實在太氣了——為公事，當然——我到大使房間。我先向他屈一膝，我說：『大使，我今天要對不起你！』我站起身，劈面便給了他一巴掌。」

雖然傳言是他被大使打耳光，但我相信他。因為，斯大使實在是一位有血、有肉、有骨氣的男兒。不是說謊話的人。

我任亞西司司長之時，斯大使已退休。有時，他還會到我辦公室來坐坐，甚至拿給我他撰寫的三五張紙的「報告」，兩人清茶一杯訴說「想當年」。斯大使仙去很多年了。但他的一生作為，確確實實有一些值得後輩懷念的。

十三 錯把馮京當馬涼

那一年，筆者在南斐斐京我駐南斐大使館任參事。南斐外交部亞洲司司長貝克（Becker）請我們夫婦到他家晚餐。他曾任南斐駐台北總領事。我們時相往來，走得很近。

南斐政府掌權的是荷裔。貝克是英裔，總領事做完轉任司長。他的後任普里托里亞斯卻當大使了。賓客連主人共十二人。賓客之中，有一位美國銀行家和夫人。他們是專程來南斐參觀克魯格天然動物園的。他姓背克（Baker）和主人的姓只差一個字母。南斐人宴客都是以牛排為主。當然有沙拉，有湯，還有甜點。講究的還有一道開胃菜，一道海鮮。那天的主菜牛排是Prime Beef，當然非常好。但吸引賓客最大興趣的竟是麵包和甜點。大家讚不絕口。

女主人說：「那是依照背克先生的指點作的。」

大家都覺得好奇。背克是銀行家，如何精於烤麵食？於是背克說了一段他作麵包的故事：

第二次世界大戰期間，他在海軍服兵役。因為他善於烘烤麵包和作尾食，被調到海軍總部任伙頭軍，專司烘烤麵包，侍候海軍的高級將領。

有一天，統帥艾森豪將軍視察海軍。午宴時，對麵包和甜點讚不絕口。要召見烘烤師傅面予嘉獎。艾森豪見到他時，除稱讚他的手藝高超外，還說：「你姓 Baker（烘烤師），大戰結束後，我們合作來開一個 Bakery（烘烤坊），你出技術，我出資本如何？」

背克說：「報告長官，我們家三代都是搞銀行的，都是銀行家（Banker）。我入伍時，職業欄分明寫的是 Banker，打字小姐可能和男朋友吵架，心不在焉把Banker打成了Baker，漏掉了一個字母。因此，我這個銀行家便變成了烘焙師了！但我心想：既然長官認為我是Baker，而我又姓 Baker，我要努力研究烘焙技術，成為一個好的 Baker。我才發現了許多烘焙的訣竅，烘烤出好麵包、好甜點。」

原來如此。Banker 成為了 Baker。這正合了我們一句古話：誤把馮京當馬涼。而結果是：馮京也兼作了馬涼。

十四 姓名趣談

賓拉登這個名字，時常在報上見到。或問：其人姓賓？還是姓拉登？

其實，賓拉登既不姓賓，也不叫拉登。他是阿拉伯人。一般阿拉伯人的「姓名」有三個字。賓拉登的全名是Osama Bin Laden。Osama是他的名，Laden是他父親的名。Bin是「某某人」的「兒子」（the son of）的意思。阿拉伯人原來是沒有姓的。（北非的阿拉伯人不用bin，他們用ould，意義相同。）

筆者在中美工作過三年。中美諸國通行西班牙文，他們的風習，受西班牙的影響最大。中美人姓名的排列，完全依照西班牙的習慣：第一字是名，第二字是父姓，第三字是母姓。例如Jose Lopez Gomez，我們稱呼他為Mr. Lopez。而非Mr. Gomez。

泰國人的姓名很長。例如曾任外交部副部長的Prapa Linpahan，我們通常稱他為Mr. Prapa。曼谷的中文報紙稱他為巴博外助（即外交部助理部長）。

日本人和法國人一樣，原來都沒有姓。日本人到中國留學，回國之後，便學唐人，爭相取姓。住在田地中間的姓「田中」。住在山腳的稱「山下」。住在野地的叫「野村」。不一而足。

高盧人（法國人）原也是沒有姓的，像日本一樣。他們住在橋邊的，叫 Du Pont（Pont的的意思是「橋」）。住在樹木旁的稱 Du Bois（Bois 意為「木」）。

中國人的姓名很講究。我們的姓，大都從封地、官名而來。筆者的始祖封在劉，故以劉為姓。司徒、司馬，則是以官名為姓。古來流行單名。如孔夫子，叫孔丘。孟夫子，叫孟軻。讀「三國志」，發現其中人物，全部是單名，單名容易相同，所以又用「字」來分別。同「名」的人，「字」不見得同。如劉備，字玄德。曹操，字孟德。

晉人好以「之」為名。如王羲之，他的兒子叫玄之、凝之、徽之、操之、獻之。孫叫楨之。王氏以「之」為名的，還有王坦之、王禕之、王允之、王彪之等，都列名於《晉書》中。趙翼在他所撰的《廿二史箚記》中說：「五代人好以『彥』字為名。」正如晉人之好用「之」字為名。

筆者的名字實在不很妙。

有一天，唸國小三年級的孫女回家對我媳婦說：「老師說昨天警察抓ㄌㄡˊ ㄧㄥ。那不是爺爺的名字嗎？他們為什麼要抓爺爺？」全家人聽了，笑得人仰馬翻。此劉瑛，可不是那個流鶯！

民國六十三年秋，筆者隨同經濟部次長張光世先生訪問中東。同行的有工業局副局長虞德麟先生、國貿局組長蕭萬長先生，還有徐有庠先生、郁英彪先生等八位企業家。

我們先到約旦，然後轉往沙烏地阿拉伯的吉達，我們的大使館原設在吉達，後來才搬到利雅德的。徐有庠先生以上海話說：「我們先吃（去）鴨蛋（約旦），現在再吃雞蛋（吉達）。」大家不免會心一笑。

到了吉達，當筆者介紹虞德麟兄和大使館參事賈德麟兄見面時，一位團員說：「真巧，怎麼他們兩個都叫德麟呢？」

筆者說：「這正合乎孔子所說：『德不孤，必有鄰』呢！」

另一位團員說：「雖然如此，倒也不難分別；因為，一位是 your darling；一位是 my darling！」

意為：「你的愛人」、「我的愛人」。在場的人莫不哈哈大笑，筆者連眼淚都笑了出來。

十五 美人與土話

筆者的英語是抗戰時期在大後方學的。教英語的老師不但沒出過國，連外國人都沒見過。二十六個字母，A讀成「愛」，C，讀成「戲」。L，讀成「愛怒」。Night 和 Light 發音完全相同。Was 讀成「窩自」！真是誤人子弟。民國三十八年來台後讀大學，筆者曾用盡辦法，但說起英語來，發音還是有些不十分精準。兒女小學、中學、大學都是在英語國家讀的，英語幾乎可以說是他們的母語。尤其是女兒，她的老師都是英國人。所以，她能說一口道地的「英」語。

而後，筆者讀大學時，選修了三年日文。有一次奉派到琉球出差，一張嘴，日本人便知道筆者「是從台灣來的」。第一次外放西北非的茅利塔尼亞，筆者在那兒學了兩年法語，說了兩年法語。其後一碰到法國人，他們都很驚異的說：「劉先生，你怎麼說一口非洲法語呢？」

之後，筆者由西北非轉到南斐約翰尼斯堡。當地的僑領，不但不會說國語，也不太懂英語。他們只會說廣東南海和順德的廣東話。筆者為了經常要和他們溝通，在約堡六年期間，學會了南（海）順（德）話。每次經過香港，筆者要是說南順話，香港人也是說三邑話——即南海、順德、番禺——的，但他們說的是正宗的廣州（番禺）話，他們把南順話看成土話。總向筆者說：

「你們上海人說國語就得啦！」他們把香港廣州以外的華人都叫「上海人」。

民國六十三年，筆者在部中任亞西司副司長。亞西司主管對蘇聯和中東諸國的事務，包括巴基斯坦。一科以俄文為主，二科以阿拉伯文為主。其次是土耳其文和波斯文。筆者對這些外文一字不識。

有一天，土耳其正義黨副黨魁率團來訪，連團員一共六人。其時，司中能通土文的只有留土博士蔡文森兄一人。應付不過來。因此，我們向政大外交系商借了一位土耳其華裔學生狄麗白小姐來司中幫忙。但在該訪問團晉見總統時，部方為了慎重，情商立委阿不都拉先生傳譯。阿委員曾在土耳其讀書，他的土耳其語文，在國內堪稱首屈一指的。訪問團結束行程離境，筆者和政務次長楊西崑到松山機場送行。（其時，桃園機場尚未興建。）阿不都拉委員穿了一件大花香港衫也來機場送行。當時天氣炎熱，松山機場的冷氣實在不夠強。而穿香港衫、不穿西裝，也是當時的風氣。

在貴賓室中，阿委員以土耳其語和訪賓親切交談，狀甚融洽。阿委員祖籍新疆，碧眼紅髮，完全像老美。送走來賓之後，筆者打趣他說：「阿委員，您這件香港衫真漂亮。穿在您身上，使您看起來比美國人還要美。」

阿委員笑笑說：「哪裏哪裏。」

「還有。」筆者接著說：「您的土耳其語更是了不起，說起來，比他們土耳其人還要……」

「還要土，是不是？」委員笑著接口。他轉頭向楊次長告狀：「你們劉副司長說我土！」我可沒說出口。

◎ 民國八十六年六月薛石民將軍訪約旦拜會約旦參謀總長左起武官吳鎮台、薛中將、米拉衣元帥、作者、秀頓將軍

◎ 民國八十四年中華奧林匹克理事長張豐緒先生訪約旦，拜會阿不都拉親王，左起：吳敦義先生、趙錫齡博士、作者、阿親王。

十六 「頭」的故事

在宏都拉斯任代辦之時，有一天，應邀到一位關姓僑領家晚餐。客人中有美國駐宏大使館武官羅帛斯（Jose Lopez）海軍上校。他是拉丁裔的美國人。個子不高大，一口西班話說得非常道地。

一位宏都拉斯的青年軍官問他：「聽說美國的海軍官校很不容易考進去，是真的嗎？」

羅帛斯上校說：「確實不容易。我就因為矮了半公分，差一點考不上。」

「只因為身高矮了半公分？」

「是的。」上校說。「那年我投考海軍官校，就因為身高差了半公分，口試過不了關。第二年才考上。」

「那麼，第二年您又是如何考上的呢？」主人關先生問。其實，在座的客人也都想問。

「問得好。」上校說。「我因為嚮往海軍，雖然沒考上官校，卻在官校裏當一名清潔兵。專司貴賓室的清潔工作。我不但把掃地抹灰的工作作到百分之百，尤其是洗手間，弄得清香撲鼻。洗手盆、便盆，都洗刷得雪亮。凡是轉彎拐角的地方，我都清理得一塵不染。

「有一天，海軍總司令來巡視。這位十分挑剔的長官，幾乎是雞蛋裡挑骨頭，沒有一件事讓他滿意。罵不絕口。到了貴賓室上洗手間，他故意把戴有白手套的手東摸西摸。心想：只要白手套染上了灰塵，他又可以大罵一通。誰知道，不管他伸手摸到那裡，白手套還是雪白的。便盆也是。衛生紙、烟灰碟，都中規中矩。烟灰碟中沒有殘存的烟灰或烟蒂。碟旁另一小碟上還放了幾根香烟。洗手盆每邊都放了一塊香皂。香氣慢慢的散開來。真是設想週到。

「這位四星海軍上將走出洗手間，便一個勁說要召見清潔兵。官校校長以為洗手間又出了什麼亂子，正準備捱訓。誰知道總司令見到我時，非常客氣，主動伸出手和我握手，誇讚我是一個了不起、負責、而且有頭腦的軍人。他對校長說：『我來貴校視察，沒有一件事讓我滿意。只有這位清潔兵的成績令人激賞。』他又問我：『你為什麼不投考官校？』

「我報告他：只因矮了半公分，未蒙錄取。於是總司令向校長關說：『這是我們海軍最需要的人才：盡職、負責、有頭腦、肯思考。千萬不要因為半公分的身高把他摒諸官校之外！』

「第二年，我順利考上了海軍官校。校長接見我時，特別說：『You are the only man who used the head to enter our Navy Academy。』」

原來美國軍船上的洗手間多半設在船首。大家都稱洗手間為 head。校長的話一語雙關。他說羅帛斯是「唯一一個靠頭腦考進官校的人。」也可解釋「靠洗手間進入海軍官校的。」

這使筆者想起另外一個有關 Head 的故事。

二十世紀六十年代，英國在非洲的殖民地紛紛獨立。英女王常派王夫愛丁堡公爵代表女王政府參與典禮。

某次，愛丁堡公爵到西非參加一個國家獨立慶典，慶典後，當然會有一些觀光節目。每到一處，總有當地的酋長陪侍在側。

他們來到一處部落，酋長堅持要請愛丁堡公爵參觀他們的「歷史博物館」。那是一個長方型的茅草屋頂房子。一進門，只見許多木架，上面擺的都是人頭骨。每一頭骨旁邊都有說明：「某年某月為某酋長擒殺敵人某某酋長的頭骨。」

那位酋長結結巴巴的用英文說：「Your Excellency, this is Our Historical Museum.」傳譯說：「Sir, this is their Headquarters.」意為「總部」。或「頭屋」。

十七 鬍子的故事

初進外交部時，筆者被派在禮賓司工作。當時，我們辦公室在博愛路。一樓只有禮賓司和總務司兩個單位。總務司的幫辦（副司長）劉邦彥，蓄有小鬍子。是外交部唯一蓄有小鬍子的同事。

民國四十年代，國內同仁薪水少得可憐。一旦外放拿美金薪水，就好像餓鬼升了天。所以，外放的同仁，莫不歡天喜地。為了對沒外放的同仁表示「同情」，還是請託「高抬貴手」？他們通常要請有關同仁吃飯。同仁稱之為「放啖口」。

劉邦彥先生外放，照例也請同仁打牙祭。劉幫辦夫人在美軍顧問團工作。顧問團成員要進、出中華民國辦簽證，那是她承辦的業務。而我正是護照科承辦外人簽證的科員。劉幫辦伉儷經常會和我打交道。所以，他們要外放出國「放啖口」，筆者也在受邀之列。

記得那一次劉幫辦是請他們總務司的同仁。禮賓司只我一人。席間，有位科長拿劉幫辦的鬍子開玩笑，說笑話。許多同仁也一旁附和，把氣氛炒得很熱。劉幫辦突然說：「我也有一個有關鬍子的笑話，你們要不要聽？」大家都說「要」。

於是劉幫辦開言說：「據說三國時候，蜀漢的關公、張飛、趙雲；馬超，一干大將都先後謝世。諸葛亮掌領大軍，要挑一位將軍為先鋒官。他主持軍事會議之時，問『誰願自發自動任先鋒官？』關公的兒子關興和張飛的兒子張苞竟同時出列，同時說：『末將願任先鋒。』由於兩人都大有來頭。究竟派誰好呢？可把諸葛亮也給難倒了。於是，他向劉備請示。劉備說：『我們誰也不好偏袒，讓他們比武吧。誰勝了，誰作先鋒。』誰知他們二人勢均力敵，比了三天，不分勝負。諸葛亮只好再向劉備請示。劉備說『他們武藝既然不相上下，何不讓他們再比文章呢？文章好的，便作先鋒。』

於是諸葛亮出題目，二人作文章。作完了，諸葛亮看過，劉備也看過，都覺得兩個人的文章各有特色，又是不分高下。因此，劉備說『既然他們文、武全才，不分高下。但他們的父親的功勞未必相等。讓他們陳說自己父親的功績，再來決定先鋒人選。』於是兩人便到諸葛亮面前細陳自己父親的功勞。張苞善於言詞，滔滔不絕，把張飛的功績陳說得天話亂墜。關興卻拙於口才，想了半天，只說：『我父親的汗馬功勞雖多，一時卻記不起來。只記得他老人家的鬍子特別漂亮，大家都稱他為美髯公呢！』這時，關公突然顯聖，大罵他兒子：『小子，你爹過五關、斬六將、斬顏良、誅文醜，多少汗馬功勞你都不記得，只記得你老子的鬍子！』」

劉幫辦說完，眾客人面面相覷，想笑都笑不出來。

十八 長頭髮的故事

一九六零年代，英國的樂隊披頭四聲名特噪，所謂「披頭」，實際上是Beetle（甲殼蟲）的音譯。他們四人都是長髮披肩，所以我國以「披頭四」稱之。他們的長髮披肩，一時引起年青人群起效尤，都以蓄長髮為最新潮、最時髦。當時筆者在駐約翰尼斯堡總領事館任副領事。總領事陳以源，從小讀孔孟之書，對青年的蓄長髮甚不以為然。而當時南斐杜省華僑公會主席霍汝芬先生，雖然他的兒女都上大學了，他還是追求時髦，留了一頭長髮，陳公當面不好意思說什麼，背地裡總認為有身分的僑領不可如此「輕浮」。

有一天，中央黨部海外組主任董世芳先生來訪，陳公在一家中國餐館設宴歡迎。霍主席應邀作陪。宴客完畢，霍主席有事先離去。國民黨支部書記長劉彰德、僑聲報總編輯廖綱魯、僑聲報總經理鄧瑞華、僑領廖偉寬、黎宗彥、何家驊等人都留下來，大夥兒喝中國茶，閒聊。

有一位老國民黨員說要講一個有關長頭髮的故事，大家都說：「歡迎。」於是他說：「有一位報館編輯，因為工作關係，每晚都要上班，午夜兩三點才能回家。每次他回家，老婆早已睡著了。他不好意思吵醒老婆，總是悄悄洗好澡，換好睡衣，從床尾爬上床。連燈也不敢開。

「但因為他好時髦，也蓄了一頭長髮，還留了連腮鬍子，活像披頭四。他老婆很不喜歡，經常罵他像頭大馬猴。

「有一天，老婆生日，他對老婆說要設法提早一個鐘頭回家。

「去報社上班的路上有一間理髮店。這位老兄經過理髮店時突發奇想，想給老婆一個驚喜。於是他走進理髮店，吩咐理髮師把他的長頭髮剪成平頭，把鬍子全剃光。

「當晚，他把工作提前趕完，提前兩個鐘頭回家。

「他回到家裏，照例輕手輕腳爬上床。他老婆一個翻身，摸到他的平頭和臉，這位編輯以為老婆一定會驚叫出聲。誰知他老婆卻說：『今天不行，今天我老公會提前回家。』」

說到這裏，講古的人停住了。

一位來賓問：「然後呢？」

講古的人說：「然後如何，且看諸位如何個想法吧！」

其實，這不是一個高級的笑話，但有如文章，寫小說：留下不盡之意。是一個很有技巧的故事。

十九 馬紀壯將軍的幽默

筆者任副司長時，與其他司處副主官一樣，經常要輪值，任總值日官。一天，筆者輪值，適逢星期天。當時駐泰大使馬紀壯將軍有急事來部洽公，筆者一一為他處理完畢。臨離開時，他很誠懇的道謝。忽然說：駐泰大使館正缺乏一位一秘，問筆者願不願意去屈就。

筆者尚未來得及回答，他忽然意識到，筆者是副司長，是簡任官，不可能低就。他接著說：「對不起，你是簡任官，派出去是要作參事的。」而後上車走了。

馬先生允文允武，一向有儒將之稱。馬先生擔任我駐日代表之時，我駐日代表處簽證組副組長是涂秀雄學長，組長是柯振華兄，顧問為一位紀先生。申辦簽證的人若有困難，先找涂先生解決；「涂先生」日本語為「トゥサン」（托散），意為「父親」，若是「父親」不能辨，便要找組長柯先生，柯先生日語為「カゥサン」，意為母親，若是「母親」也無法，只好再找紀先生，紀先生的日語為「ジーサン」，意為祖父。最後由馬先生決定。馬先生日語為マーさん，意為「祖母」，這真是很湊巧的事。

有一天，適逢星期日。代表處有一件非常緊急而又緊張的事，必須立即擬電報呈給國內。於是馬代表電話召集了林金莖副代表和柯顧問到官邸，商量因應的辦法並草擬電報。

一切商量妥當了。電文的第一段由馬代表親自執筆草擬，第二段則由林副代表執筆，第三段由柯顧問起草；馬代表夫人謄寫、清稿，再由柯顧問譯發。換句話說，一通電文係經由四個人的手完成的。依照外交部的規定，電報結尾一定要由駐外單位或駐外單位的館長具名拍發。一方面表示負責，一方面也標示出電報來自何處，外交部收到電文之後，要用哪一種密本、哪一種密碼和哪一種密表來迻譯。

駐日代表處是我駐外單位中重量級的單位，平日工作已十分忙碌，星期天還要加班，參與工作者當然辛苦了。打電報是為了事情的緊急而又機密，參與其事者又不免有些緊張，馬將軍為了使大家緊張的心情弛緩一下，幽默的說：「這個電報是由我們四個人完成的；也就是『馬代表』、『林副代表』、『柯顧問』和『夫人』，所以，結尾應該由四個人共同署名，那就是：馬、林、柯、夫。」

「馬林可夫」是當時蘇聯第一書記的名字，馬代表一語方出，大家都忍不住大笑。一時緊張的心情，也因此放鬆了。勞累也忘記了。

二十 兩件得意的事

1．超級領事

總領館的領事，階級比照大使館的二等秘書，實在算是官卑職小。筆者在駐約翰尼斯堡任副領事、加領事銜、真除領事，那段期間，雖說官卑職小，平時交往的，竟是友邦的元首、總理和部長級人士。約堡的華僑戲稱筆者是「超級領事」。其他領事館的朋友和駐在國人士則稱筆者為「巡迴領事（Roving Consul）」。

話說民國五十六年十月初，正值暮春時節。草長鶯飛，綠肥紅瘦。天氣不冷不熱，正宜旅行。筆者開著自己的福特 Corsair，由約保直奔史瓦濟蘭。到達邊界之時，工商部長西門・顧馬洛、財政部長喬治・唔西比、國王連絡官沙其瓦約等在史瓦濟蘭這邊迎候。他們並且陪送我到我居停的旅館——高原景旅社（Highland View Hotel）才辭去。

第二天清晨，史王連絡官沙其瓦約和勒醉酋長兩人來旅社和我共進早餐；餐後，我和沙其瓦約坐史國王宮的禮車，由墨巴本駛往落班巴村晉見國王。一路輕風拂面，花香襲人；路邊偶爾有一兩位土人，都笑著向我們打招呼，車程不長，十幾分鐘便到了目的地。到達王宮之時，老友馬可西尼・查米利親王在二門下車處相迎。其時史國雖未獨立，卻已成立了自治政府，馬可西尼親王為首任總理。跟隨親王到國王的會客室，國王穿著史國傳統服裝，在會客室門口相迎。國王年近古稀，白髮蒼蒼，鋪滿皺紋的臉上披上一層慈祥的笑容，令人肅然興起尊敬之思。我那時年紀剛過三十，職位是領事銜副領事，這種場面使我有受寵若驚、賓至如歸之感。

會客室大約只有八坪大小，中間一張大沙發，兩旁各有一張較小一號的沙發；國王坐正中，總理坐左手邊，筆者居然賜坐國王右手邊的沙發上。有三位內閣部長——一位是教育部長，其他兩位是什麼部長，記不起來了。寒暄之後，幾位公主跪著進來，獻上紅茶和點心。我們一面吃喝，一面商談我派遣農技團駐史的事，大概前後約一個小時左右才辭出。中午，工商部長塞門・顧馬洛、財政部長喬治・唔西比醫生應我之邀在旅社中和我同進午餐，餐後，他們告辭離去，我也結清房飯錢，驅車返約堡。

2・從台灣來的中國大使

在沒有邦交的國家作代表，能蒙駐在國的元首賜宴，那可是一件殊榮。在泰國，筆者就曾受泰王賜宴過。有一個星期四上午，我正在忙著處理要公，泰王蒲美蓬的禮賓官從清邁打電話給我，說是國王與王后定於星期六晚上邀請我和內人晚宴，我說：「一定準時出席。但內人在台北探親，一時趕不回來。」對方說：「了解。」事情就這樣決定了。因為要離開曼谷，筆者立刻發了一個急電向部方請示。次日，部方即回電批准了。

星期六清晨，我搭乘泰航班機直飛清邁。先一日到達清邁的代表處顧問張紹民少將、我駐泰王山地計畫農技團團長宋慶雲先生和兩位技師在機場迎候、照料，他們陪同我到清邁的假日大旅社，替我辦好一切住房手續，而後離去。傍晚，筆者率領了張少將一行，浩浩蕩乘坐農技團的四輪傳動大吉普車，向王宮進發。在車上，受泰王名為「爸爸宋」的慶雲兄對我說：主辦人員告知他，中共駐清邁張總領夫婦也在受邀之列。且將和他們一起吃自助餐。而筆者卻將同泰王同桌吃大餐。

我們七點半左右抵達王宮。七時五十分，全部客人約八十人，由禮賓官前導進入大廳，恭候泰王和王后蒞臨。賓客中，我只認得國務院副院長兼內政部長曾任最高統帥的操華力上將和警察總監沙瓦警上將。八時半，樂隊演奏「奉聖曲」，國王和王后蒞臨。大禮官一一介紹貴賓晉見，筆者晉見時，王兄畢沙第親王特別向國王和王后介紹說：「這位是來自台灣的中國大使劉先生閣下。」一九時左右，宴會開始。主桌有十四個座位。國王和王后分坐長方桌兩頭。只有一位女賓，坐在王后右手邊。國王左手邊是糧農組織的特使，右手邊是操華力上將，我坐在操華力右手。除了主桌是由侍者上菜的正式晚宴外，其餘賓客六十餘人，包括中共張總領事夫婦和筆者的隨員，都是自己排隊取菜，吃自助餐。

泰王多才多藝。他不但能玩多種樂器，而且能作曲。他也是業餘攝影家。宴會開始，他從西裝口袋中取出一本剛洗好的相片簿，抽出一張，相片上是一大片鋪滿了又濃又厚綠草的草坪，他問那位特使和操華力，那是什麼草。兩位貴賓都答不出來。他問我。我說：「這是紫花苜蓿（alfalfa），既可作水土保持，又是飼養牛羊的好草料。」

國王大為高興。笑說這種草正是畢沙第親王最近從台灣引進來的。容易生長，既是最佳的水土保持作物，也是牛羊的最佳草料。他要在泰國大力推廣。其實，這些資料正是宋團長前一天向我報告過的。然後有餘興節目，由泰國官員輪流唱卡拉ＯＫ。操華力和沙瓦都各唱了一曲。想不到他們的嗓門既好，而且都唱的有板有眼，字正腔圓。水準相當高。王后提倡傳統手工藝。她拿了五六件純銀鑲鑽石的首飾盒、雪茄盒、藥盒等給我們欣賞評鑑。這些手工藝品已融合了傳統技術和現代科技，設計好、手藝好、而且實用性高。件件都是精品。貴賓們看了，讚不絕口。

就這樣，一頓近二十道菜餚的晚宴終於圓滿結束。時間已是清晨一時半。大家恭送國王王后離去，然後各自驅車回家。張紹民兄原屬少將退休之年，而他的聰明才智實不可多得，部方把他轉為文職，我請他主管農技合作和泰北難民事務，非常稱職。農技團在宋團長領導之下，與泰方合作十分愉快。此次筆者能成為泰王泰后的座上貴賓，他們的功勞實有以促成。

二十一 時昭瀛先生

讀大學之時，筆者好讀「學生英文文摘」。其中多有時昭瀛先生的作品，筆者最愛背誦。民國四十六年進外交部工作，時公已貴為次長。筆者沒有機會和他接觸，但從老一輩同事的口中，倒也略知一點他的逸事。

民國三十八年外交部同仁由廣州專機來台，代理部長葉公超下令：除公物外，私人物件一律不得帶上飛機，時昭瀛時任司長，並承代部長之令主持撤退來台工作。有人拍代部長馬屁，將葉公私人的兩隻名貴獵槍帶上飛機。時公問明不是公物，立即叫人搬下機。葉代部長不但沒責備他，一行人抵台後，葉公真除部長，他把時公升為次長。記得尼加拉瓜內戰激烈時，我們駐尼大使館全班人馬坐小飛機由馬拉瓜逃往瓜地馬拉城避難，當時大使也規定每一個人只能拿一件小包裹。結果，只有大使帶了好幾口大箱子。

筆者任駐南斐約翰尼斯堡總領事館副領事時，僑務委員會委員長高信先生來南斐訪問僑胞。總領事陳以源先生設宴款待。

談話中，提及時公曾任駐約堡總領事，已仙去幾年了。他的英語文程度一流。所以，館中有些他擬的英文稿件，我們拿來作範本，另行打字、裝訂成冊，供隨時參考。高委員長說：他民國三十八年由廣州來台灣，和外交部同仁共搭同班專機。他是教育部次長，部長是杭立武先生。同仁爭先恐後上飛機，高「次長」和杭部長因非外交部職員，坐在候機室等候主管人員的安排。想不到時公竟對他們兩人大聲吼叫：「你們兩人還不上飛機，難道還要人請？這都什麼時候啦！」

於是杭部長和高次長只得各自提著行李登機。但到了飛機上，已沒有座位。兩人正不知如何是好。時公和另外一位同事讓出兩個位子。杭、高二人不免客氣一番。時公又不耐煩，對他們兩人叫道：「叫你們坐就坐，有什麼好客氣的！」杭、高二人只有乖乖的坐下來。

高委員長說：「時次長的學問、人品，那是沒話說的。但他的脾氣可真太大了些！」

老一輩的同仁說：「時公是標準才子型人物。他的行徑有點像唐朝的杜牧。所謂才子，免不了飲上三杯，寫點文章，但通常又都有寡人之疾。」

二十二 外交官與打油詩

孔子說：「詩可以興、可以觀、可以群、可以怨。」而《詩經》中的好一些詩篇，或是行人所作，或是為行人而作。近世學者劉申叔先生在他所著《論文雜記》中說得很明白。所謂「行人」，即是今日的「外交官」。「外交月刊」中闢有「行人詩草」專欄，便是供同仁詩翁有所發揮，常見作者，有王家鴻、王之珍、孫希中、丁慰慈、張長齡、張鴻藻諸君子。而有專集問世的，有王家鴻和王之珍。

王之珍先生字席儒，曾任次長、駐阿根廷大使。是一位清廉有守的長者。有一次，我駐美大使沈劍虹先生卸任回國，王席公到機場去歡迎。沈大使原是頭頂毛髮不多的。到美國出任大使之後，特別買了一頂合適的假髮，戴在頭上，看起來要年輕好幾歲。沈大使當然是坐的頭等機位。飛機一抵達，在最前幾名下機的旅客中走出去了。王席公原本有高度近視，而且他只注意光頭的旅客，因而錯過了。還是航空公司的朋友告訴他，他才知道，而後匆匆趕到外交部的貴賓室見面。席公一時詩興大發，寫了一首絕句解嘲：

風度翩翩沈劍虹，居然返老又還童。
老友相見不相識，最怕迎頭一陣風。

這首詩曾在同仁間傳了好一些時日。

又有曾任駐美大使館秘書的周谷兄，多才多藝，曾就我國近代外交史，寫了很多篇文章，出版了好幾本專書。一位大學教授對我說：周某的書，每一本都可拿幾個ＰＨＤ。最近他將數十年的詩稿六十八篇，聚為「不在乎集」分送友好。筆者從小愛好詩詞，也好舞文弄墨。讀罷周書，甚為敬佩。且舉數例。

草澤何須皮鞋底（音譯Ｐｈ・Ｄ），王八殺頭（法語ambassador，音譯，意為「大使」）竟非你。時人多望作王八，王八常自麻將來。勸君草澤習手藝，老境來的好安居。弦歌不輟終是苦，種花灌草隨風舞，戲終人散何須戀？——皮鞋底

忽傳劉郎入洞房，半百新郎窈窕娘。六月榴火遷新居，自云良家不開車。——半百郎

花亦有時迷，
花亦有時俏。
醉臥花叢君莫笑，

英雄難與群花絕。
不作帝王夢，
願在群花中。
無花難修行，
唯有花痴好。——花

筆者拜讀之後，一時情難自禁，寫了一篇短跋：

故人周谷先生，多才多藝。善於烹調，長於文字。精研歷史，偶作詩詞。近以其所作聚為「不在乎集」，拜讀之餘，佩服不既。

周氏之作，其為質也，有敘述，有抒情。有議論，有批評。有怒罵，有嬉笑。有思古，有懷人。包羅萬象，語淺意深。其為文也，不中不西，不洋不土。非騷非賦。非曲非詞。不效今，不師古。或五言，或七古。既似宋詞，又像樂府。多則數十行，少則兩三語。特行獨立，無與倫比。其為辭也，似實不實，似虛不虛。不淺不深，有興有比。排列不拘文法，遣詞不用邏輯。瞻之在前，忽焉在後。仰之彌高，鑽之彌堅。起承轉合，全憑興致。抑揚頓挫，純託天籟。澎湃如黃河之水，變幻如巫山之雲，奔馳如穆王之八駿，日行萬里。飄忽如渡河之香象，無迹可尋。獨樹一幟，歎為觀止。開宗立派，想當然爾。名為「不在乎集」，良有以也。謹跋。

二十三 打油詩二

劉蓋章先生任條約司司長之時，核閱同仁文稿，十分嚴格、仔細。此公脾氣也相當壞，司中同仁，稍有差錯，常被罵得狗血淋頭。他的名字中的「藎」字，有點像「蓋」字。因之，若干同仁便以「劉蓋章」稱之。筆者任禮賓司科長之時，他是駐伊朗大使。我們司長吳文輝曾在條約司他任司長時工作過。經常挨他的罵。伊朗外長來訪，劉大使奉命回台北協助接待。吳司長把訪問日程手冊遞給他，他稍稍看了一下，當著我和兩位科員的面，把日程手冊往地上摔。說：「這安排的是什麼日程！」吳司長平常也是心高氣傲，開口便罵人的。但對於劉蓋章的無禮，竟不敢反駁！

台大校友張書杞大使，曾在劉蓋章之下任科員。張大使在他的「外交夜談」中說：劉司長常在同仁擬的稿上批示「來談」。當面指示如何如何，並要求查卷註明案件背景。經他核改後的文字，還要清稿。……數年後有一次條約司老同仁聚餐，並請老司長劉大使賞光。席間談及往事，都有美好的回憶。筆者當時特就條約司的辦公精神，做了一首打油詩。劉大使聽了覺得很有意思，要筆者謄寫一份給他。打油詩是這樣的：

最怕「蓋章」請來談，情知文稿難過關。
重擬清稿再查註，趕不出來要加班。

這首詩完全寫實，十分傳神。

據說部中有一位荐任科員，國立某大學外文系畢業的高材生，他的父母都是在美國長大、在美國唸書的，所以，這位年輕人在他父母教導之下，一口道地的「美國話」，不輸於真正的美國人。但對於外交文牘卻不甚熟諳。經常挨科長的訓。他的中文，雖然文筆尚稱通順，公文程序也是有欠高明，有一次，他擬了一篇公文稿，文不太長，文中居然用了十一個「該」字。稱行政院為「該院」。稱總統府為「該府」。科長看了，又好氣，又好笑，在文後批了一首打油詩：

該員該文十一該，一該該出問題來。
今後該員該注意：不該該時不該該。

也是十一個「該」字。當然，那一位科員也被叫到科長面前，狠狠的吃了一排頭。

二十四 反賓為主

筆者在曼谷任職之時，正是曼谷交通最擁擠的時候。筆者的紀錄是——六十三分鐘過一個紅綠燈！在泰北一些高山上，居住了好一些我的難民。筆者若要去訪問他們，坐車來回，怕不要花上最少五整天、甚至一個禮拜。好在泰軍方和我代表處合作良好，筆者駐泰四年多期間，去過泰北兩次。都是由泰方借給直升機作為交通工具。僑委會委員長章孝嚴來訪，帶了一大群記者，筆者為他們借到三台直升機。但若國內長官在曼谷訪問一兩天，要拜會泰政要，一天大概只能見一兩人。最多三人！因為，汽車太多，交通不暢，若要多見幾人，便只好另行設法了。

民國八十二年，我外交部次長房金炎博士訪泰兩晚一天，筆者商請當地友人幫忙在國會大廈中為我準備了一間可容納上百人的大會客室。會客室中間有兩張大太師椅，中置茶几，後有小椅，供譯員用；兩側各有好幾排沙發和椅子，次長坐在正中右面的太師椅上，本人坐在他右手第一排的第一張沙發上。

首先來見我們次長的是國會議長瑪律•汶納。會談完畢，參院議長迷猜（姓盧）來見。之後，國務院副院長兼內政部長、實業部副部長、國會秘書長。一個上午便過去了。下午，我陪房次長到外交部見沙拉辛部長。房次長次日一早離泰返國。不久，僑務委員會委員長章孝嚴來訪，筆者依樣畫葫蘆，也在國會中為他借到大會客室，「接見」前來「拜會」的泰政要。

離開泰國快二十年了。想起當時為我作是等安排的劉文龍、吳淑珍、連俊容等好朋友，真是難忘他們的愛護。劉文龍兄已作古了，祝他在天界自在如意。更祝福吳淑珍小姐和他的先生曹壁光副部長、連俊容副部長，身體健康，萬事如意。

二十五 對聯

老同事張書杞大使出了一本書，書名叫「外交夜譚」。內容十分豐富。書杞兄能通中、日、法、英各種語文，能言善道，是一流的外交官。書中有一對聯，上聯為外交部中同仁所出：

非洲先生，掌理非洲事務，所用非人。

書杞兄閱報讀到美國克林頓總統風流韻事，觸動靈感，因對云：

美國總統，發揚美國精神，專愛美女。

對的十分有趣。

外交前輩王之珍先生，學貫中西，詩詞尤為同仁稱道。他任駐阿根廷大使之時，阿京「陶陶飯店」主人請他題一聯。王席公（之珍大使字席儒）略不思索，撰就一聯云：

百甕傳佳話，
五柳仰高風。

上聯引陶侃搬甕健身故事。下聯引陶靖節的〈五柳先生傳〉。主人覺得不錯，但恐食客不知其意。請席公再賜一聯。席公即題道：

滿座陶陶，萬國佳餚推中土，
一堂濟濟，八方豪俊會銀京。

這副對聯切合「飯店」，一般人看了便能懂。

筆者任駐約旦代表之時，深得旅約國人陳秋華兄之支持。陳君受知於王儲哈山親王，相處有如家人。王儲愛好中國菜，尤喜蒙古烤肉。陳君在安曼市開了一家華園餐館，供應川菜與烤肉，筆者為題一嵌字聯云：

華筵繽紛，座中正有大梁客，
園林宛委，花間不乏武陵人。

上聯取「曾為大梁客，不負信陵恩」的詩意，象徵陳君深得王儲之賞識。以阿糾紛，西岸巴勒斯坦人多有逃來安曼避難者，有如武陵人之入桃花源。此即下聯之立意。

筆者八十後寓處淡水紅樹林。門前即係淡水河出海口，河邊一片紅樹林，連綿十數里。但紅樹林並非如楓樹之有紅葉，春來細葉初生，青翠可愛。隔岸即觀音山，暇時看海潮，賞紅樹，樂在其中。因在蝸居門外題一聯云：

雨後前山清如洗，
春來紅樹翠欲流。

退職後生活平淡，兼且百病叢生。平時只是閉門讀書，閉門思過。不信嗎?有詩為證：

還鄉解征衣，窮巷掩柴扉。戶僻來客少，病懶故人稀。身隨一劍老，家向萬山歸。臥床過寒食，冥思入翠微。

綠水暖青萍，鷗鷺正嬉春。潮落沙洲出，風過大堤平。卻喜春足雨，仍恨山多雲。憑欄眺望處，天際有新星。

筆者忽然想起：當年在駐約堡總領事館任領事之時，坡埠（Port Elizabeth）僑領李善欽先生七十大壽，李君曾任教於華僑學校。其人係忠厚長者，甚得人緣。因撰一嵌字壽聯相賀。聯云：

惟善人現壽者相，
有欽譽為僑社師。

適逢筆者已奉令調部工作。李先生通知其公子香港名醫李裕生及夫人——名字忘了，曾是香港影劇界有名的才女，既能編導，也能演戲——當筆者與家人途次香港時，接機照料並宴請。李醫師伉儷果然到機場接機，並設宴款待。一副對聯騙到一頓飯吃，也算是一段佳話吧。

二十六 打油詩三

葉公超先生任外交部長時，堅持以考試方法用人。他離任時，那是民國四十七年七月。七月十八日卸任前夕，曾召集部內同仁在博愛路外交部五樓禮堂講話。特別強調：他作了九年多的外交部長，沒有下過一個條子任用過一個私人。他認為外交部的總務業務和其他部會不同，不是任誰都可承擔的。一定要具備外交經驗的同仁才可擔任。這個傳統一直維持了很久。後來有空降部長，他們破壞了這個老規矩。

筆者有幸，高考及格後，個人在台舉目無親，也無其他奧援，終於得到機會，進部工作。由於葉公的正直不阿，在中央各部會中，外交部的人事是比較上軌道的。而外交人員一旦外放，便可領取美金薪水，同仁譽之為餓鬼升天。當時有好事同仁作了一首打油詩來說明外交部科員的去處：

莫笑區區出身低，小京官裏最便宜。
一榜題名封荐任，三年俸滿放三秘。

頭等角色派歐美，一流人才分亞非。
外放歸來升科長，荐任到頭簡存記。

雖不甚工整，卻頗饒趣味。

筆者第一次外放、第二次外放，雖然官階很低，卻都是首席館員。因為係首席館員，館長休假或返國述職，便要代理館務。先後曾作過五次臨時代辦。代理館務是有百害而無一益的工作。作得好，分所應為。稍有差錯，或毫無差錯卻違背了館長的「上意」，後果都是很難堪的。後來作了副司長，又作了館長，想起從前當館員代館的情形，再為副館長設身處地著想，覺得當副館長也不是一件容易的工作。不相信？有一首順口溜為證：

身居龍套，開會先到。
閉目養神，臉帶微笑。
主官蒞臨，發覺及早。
起立恭迎，鼓掌領導。
會議過程，嚴守法條。
少發議論，多聽報告。
主官指示，時時強調。
常任甘草，不發牢騷。

人事經費，一概不曉。
陪吃陪喝，隨傳隨到。
若即若離，不卑不傲。
如此作法，穩健可靠。

雖難登大雅之堂，倒也有此道理在其中。

二十七 一語解困

民國五十五年九月底，南非的貝川納蘭（BECHUANALAND）將獨立成為波札那共和國，邀請各國派特使到波京慶賀。

貝川納蘭原是英國殖民地。宗主國也就是英國和中共有邦交，當然主張邀請中共派特使。其時，我是駐南斐約翰尼斯堡總領事館的領事，承辦與南非三邦——巴蘇托南、貝川納蘭和史瓦濟蘭——聯絡的工作。為邀請函，我開著自己的小福特跑了好幾趟嘉柏隆里（貝首都）才要到。由於當地只有一間新建的統一大旅社，房間有限，所以，每國只邀特使一人。連特使的配偶和秘書都不在受邀之列。我和貝當局聯絡了近三年，當權的新貴全是我的白衣之交，他們才同意和特使一併邀請我參加慶典。我可能是唯一一個受邀的「個人」。

我陪同特使楊西崑到達嘉柏隆里，被分配住在老友——現在已貴為農業部長——左貝貝家。他給了我們一個套房，包括臥室、會客室。廁浴俱全。但嚴格說起來，絕對沒有大旅社舒服、自由。晚飯後，老友馬錫瑞來致意。我三年前認識他時，他是小學教員。由於他是黑人，每次我到南斐邊界的馬福京和他會面，我不能帶他進白人餐廳。我們總是找一處郊外吃我內人為我們準備的野餐。但這一天，他已貴為副總統了。

他由我介紹和我們特使握手寒暄，說他實在太忙，沒有及早來歡迎我們為歉。又問我們住得舒適不舒適。在離開前，他向我們楊特使說：「我們轉拉人看重朋友。所以，」他拍拍我的肩。「我們把客人送去旅店，把朋友留在家裏。」說得真好、真窩心。就憑這一句話，便顯示他有當副總統的機智和口才。

記得德國總理史密德訪問法國時，對法國總統季斯卡說：「他的祖父是猶太人。」他的部下或認為他不應向外人透露自己的家世。史密德說：「他（指法總統）不是外人，他是一個好朋友。」

一句話便能解決問題，一句話便能叫人肅然起敬，真了不起。

二十八 報上的話能相信嗎？

民國七十九年秋，泰國許多報紙都刊載消息，說中華民國力行金圓外交。九．一記者節，筆者以駐泰代表的身份參加泰華記者慶祝大會。在致賀詞時，筆者再次運用了報章所說的話：「報上的話你能相信嗎？」來解說我們政府的態度。筆者說：

戰國時，魏國的太子將送到趙國的京城邯鄲為人質。魏王派龐恭陪侍太子。臨行前，龐恭往見魏王。

龐恭對魏王說：「假如有人來報告大王，說：『市中來了一隻老虎，大王相信嗎？』」

魏王說：「不相信。」

龐恭又說：「假如第二個人來向大王報告，說：『市中心來了一頭大老虎，已經咬傷好幾人。現在有一隊士兵正在圍捕老虎。』——如此，大王相信嗎？」

魏王已經有一點遲疑。但仍然說：「不太相信！」

龐恭再說：「然後第三個人來報告大王，說：市中心來了一隻大老虎，咬傷了好幾人。但現在已經被一隊兵士獵殺了，士兵們正在煮老虎肉吃呢。還說要把虎皮獻給大王。——大王還相不相信？」

魏王立刻回答道：相信。當然相信！」

於是龐恭進一步說：「市中心哪兒會有老虎？但經過三個人異口同聲說有老虎，大王便相信了。臣今日隨同太子去邯鄲，邯鄲比我們市中心距離遠多了。將來向大王議論微臣的當不止三人。希望大王明察。」

這便是韓非子一書中「三人成虎」的故事。他所說的魏王，實際上是魏文侯。後來龐恭從邯鄲回到魏國，要求見魏王，卻見不到。

我上月去台北，在新公園買了一份晚報。報童說：「一份十元。」我給了他十塊錢。但我看報頭時，發現報上分明寫著：「每份八元。」我問報童：「報上分明說明每份八元，為什麼你要十元呢？」他回答得很妙。他說：「先生，報上的話你能完全相信嗎？打八折就算不錯了。」他問得我啞口無言。

國民所得一萬美元的國家捐點錢救助國民所得只有幾百美元的國家，使他們政府能用來改善人民的生活，這是儒家「老吾老以及人之老，幼吾幼以及人之幼」的大同思想。若是收入低微、買不起金戒指給自己老婆的張先生，千方百計籌錢買一個鑽石戒指送給隔壁的漂亮小妞李小姐，那才是居心叵測呢！我國以人溺己溺的態度幫助落後國家，某些報紙把它說成金圓外交，一家說，兩家說，漸漸有「弄假成真」趨勢，有如龐恭所說的三人成虎，實在與事實不符。

第二天，一向左傾的「新中原報」資深記者紀雲程（筆名吳蒙）在他的「群情百態」中，表露出了對筆者說話的肯定，他說：

劉代表講話提神醒腦

在「九一」泰華記者聯歡晚會上，遠東商務處劉瑛代表應邀說話，劈頭第一句便是：「報紙上的話你能相信嗎？」這是個大題目，很新鮮，很突出，很夠提神醒腦。可是，別以為「大題目」便是「大文章」，這場講話，卻像是一篇優美精簡的「小品文」，令人迴味無窮。

題目是引用自台北新公園裡一個報販口裡說出來的話，劉瑛代表說：他去年秋天在台北市新公園裡以十元新台幣買了一份早報。他問報販：「何以售價高出了兩塊錢？報上不是印明每份八元嗎？」報販只說了一句話：「報紙上的話你能相信嗎？」

一掀開話題，講話就像一篇很具文藝氣氛、極為迷人的「小品文」，內容緊緊地抓住了在場好幾百位的新聞工作者，劉瑛代表娓娓道來，真是可圈可點。

二十九 外交修辭

修辭是外交官必須精研的一門功課。但有些人有急智，有些人較為遲緩。孔子說曾子：「參也魯。」（曾子名曾參。）魯不是愚笨，而是思想略慢的意思。據說宋朝時候的秦少游，思路甚暢，而陳后山要作詩時，常須掩上房門，躺在床上，蓋上棉被，而後呻吟苦思。但他也能寫出像樣的詩文。當時有詩云：「開門覓句陳無已（即后山），對客揮毫秦少游。」

徐謨先生任外交部次長時，修改公文，若一時想不出適當的字或辭，他的習慣是上洗手間。若從洗手間回到辦公室還沒想到，便再去洗手間一次，尋找靈感。我們有一位駐外大使，他的英文程度很好，中文字卻認不得幾個。外交部有急電要他處理，他先找館中一位秘書將電文解說給他聽——他雖不識漢字，說國語卻無問題——然後一個人關在辦公室裏向上帝禱告，尋求guidance。即指示。一時傳為笑柄。

我駐英國最後一任大使係鄭天錫。中、英斷交之日，他被召到英國的外交部。外務次官對他說：「大使閣下，我奉命，很抱歉，要通知閣下，我們英女王政府決定自今日起，和貴國中止邦交，我們和中華人民共和國同時建立外交關係。」鄭大使當然要向對方提出抗議。抗議當然也沒有用的。他向對方說：「既然如此，您怎麼還稱我大使閣下？」對方說：「我們尊敬凡在敝國任過大使的，都以大使閣下相稱。」鄭大使乃藉機表示心中的不快。他說：「我們中國人愛交朋友，一旦成為朋友，便永遠是朋友，絕不背叛朋友。」雖是抗議的話，卻說得非常婉轉。

民國四十三年，蘇聯油輪陶甫斯號載運萬餘噸噴射機油自羅馬尼亞駛赴上海，六月二十三日在台灣海峽為我海軍截獲，押來台灣左營港。油料充公，船員四十二人全部請求政治庇護，獲准停留台灣。外交部發表聲明稿中稱：「陶甫斯號駛入台灣近海，對台灣安全構成威脅。」新聞局竟將「近海」改為「公海」，當時外交部長葉公超大為光火。若我海軍在「公海」上俘獲陶甫斯號，豈不成了海盜行為！外交修辭，一字之差，可能造成非常大的傷害。

民國七十六年，丁懋時先生任外交部長。其時，陶甫斯號船員已垂垂老矣。其中有一部分船員擬返俄國。部長召集國安局長宋希濂、外次金樹基、和時為主管司司長的我會商，決定准許他們自第三國返俄，並各發給一筆慰勞金。包括機票。

筆者任駐約翰尼斯堡總領事館領事之時，承總領事陳公以源之命，負責與英屬南非三邦爭開聯繫。民國五十五年巴蘇托蘭和貝川納蘭都將獨立。筆者由約堡開車跑此二地大概有五六次，好不容易索取到他們邀請我國派特使參加他們獨立慶典的邀請書。宗主國的英國雖不同意，但最後也只好讓步，順從當地政要的意思。而當地政要的所以邀請我國，筆者不敢說謊話，他們正是受了筆者再三再四的請託、請求、甚至要求的結果。筆者同巴蘇托蘭自治政府總理約拿旦酋長的關係特別好。在巴蘇托蘭即將獨立為賴索托某國之前，我們便商訂了雙方建立外交關係的公報。

我方核定派楊西崑先生為特使。由筆者陪同他去馬色路——賴國首都——參加慶典。依照邀請書，每國只能派一特使，特使不能有秘書，甚至配偶都不能接受。因為賴京只有一家旅館，無法容納更多的旅客。只有我國，特使之外，筆者是唯一受邀的「個人」。

慶典之後，楊特使交待他的秘書擬電報呈部。三十餘年後筆者才在老檔案中找到這份電報。開頭說：「職應邀參加賴獨立慶典……」電文中對筆者一字未提。

一位資深的同仁對筆者說：「『應邀』，表示他的知名度很高，所以賴國點名邀他。其實，人家邀的是中華民國派員。所以，他應該是『奉派』。」這就是外交修辭！歷史學家周谷先生說楊西崑的名氣得力於「電報外交」而知名，良有以也。

三十 測字

蔡維屏博士民國三十二年進入外交部工作，任專員。三十四年初，中日抗戰已接近尾聲。但在大後方，生活仍然很苦。蔡公在美國讀博士學位時，天天埋首書堆中。有時太累了，便找些手相學的書消遣。所以他對手相也頗有心得。

這一天，他看了看自己左手的命運線，覺得該外放了。能外放，便能拿美金薪水，改善生活。當日風和日麗，午休時間，他走出辦公室，出外散步。部外不遠處，有一個測字攤。攤主的穿著雖不怎麼樣，但倒有一點氣定神閒、讀書人的氣派。蔡公一時興起，走上前請這位先生測字，看看會不會有外放的消息。他隨手拈了一個字捲。打開來，裏面是一個「圓」字。測字先生問蔡公想問什麼。蔡公直接告訴他：「想問是否能外放。」測字先生說：「就字面說，足下現在不過是小官一員。但若出了國，變成了大員。字是您自己打開字捲現出來的。表示您已把『圓』字外面的框框給打開了，表示足下即將外放出國。恭喜恭喜。」

付過錢。蔡公心想，這位測字先生有問題。「在國內當一名專員，當然是小官一員。外放出去不過總領館的領事，或者大使館的二等秘書，如何『大』得起來？」

不幾天，我駐印度加爾各答總領事陳質平電請部方派一位英語程度好的同仁去協助館務。最好是曾經留學過英、美的。於是上面選上了蔡公。到了我駐加爾各答總領事館就任領事，蔡公發現不但上面有總領事，而且還有一位首席領事，自己仍是「小員」一個。不久，抗戰勝利，陳質平升任駐菲律賓公使館公使。首席領事升任駐馬尼拉總領事館總領事。蔡公調任駐菲公使館二秘，連旅雜費都發了，卻因駐加爾各答總領事未派定，由蔡公代館。誰知這一代，便代了四年多。當地華僑都稱蔡公為父母官。各式慶典宴會都以能請出蔡公出席為榮。一下子，從「小員」果然變成「大員」了。

蔡公任次長之時，簡任秘書范道瞻測字頗有名氣。其時，蔡公已有外放的消息。蔡公有事往見部長，經過秘書室，遇到范秘書。范說：「老師要不要測個字，看看外放有沒消息？」蔡公曾在政大任教，范道瞻聽過他的講課，故以學生自居。

蔡公說：「好呀。」他看見辦公桌上的電話，便寫了一個「電」字。

范道瞻說：「老師今年可能不會外放。您看，『電』字上面是『雷』字。現在是冬天，沒有雷。要到明年，春雷之後，老師才能外放。」

「可能去什麼地方呢？」蔡公問。

范道瞻說：「您看，電字，雷字頭，其下田字中間一直向南通過，再往東。老師將來要去的地方將是台灣的南方靠東邊的國家。」

翌年，蔡公果然奉派出任駐紐西蘭大使。正是台灣南面再向東的地方。

三十一 坐火車與乘飛機

民國四十六年五月，筆者初進外交部，派在禮賓司護照科任荐任科員，承辦外交護照、公務護照、雙重國籍、再出國加簽和外人簽證等業務。有時還要辦稿。普通護照則由另一位荐任科員廖運和兄承辦。我們是台大法學院同屆畢業。他讀法律，我讀政治系。

不久，他外放日本。接替他的是政治系高筆者兩班的張豐緒學長。張兄原在亞東司工作，任收發。他是留美回國的留學生。他剛進部任荐任專員時，部長葉公超召見他，告訴他，任何一個司，收發最重要。因為，任何公文都要經過收發之手。一個司的所有工作，只有司長和收發全盤了解。所以，派他從收發作起。

作了差不多一年的收發，豐緒兄又調來禮賓司辦護照，對於一個有抱負、滿腔熱血的青年，只作一些收發、寫護照的呆板工作，實在氣餒。有一天，他去見常務次長周書楷，表示對工作有點失望。周次長問他：「要坐火車還是要坐飛機？」豐緒兄還摸不清周次長的意思。

周次長說：「在外交部工作，要爬到科長，都得六七年功夫。要出使外國，獨當一面，總得近二十年。這種外交生涯，就好像坐火車。假如你回家去選議員，當幾年議員之後選縣長。這就好譬坐飛機。」

於是豐緒兄果然辭職回屏東，選上縣議員，再選上省議員。旋又選上屏東縣長。筆者任科長之時，豐緒兄已貴為院轄市台北市的市長。真是坐飛機。筆者還在火車慢車上呢。

據說有一次記者問他：「市長當初為何離開外交部？」

豐緒兄說：「因為我的英語文程度太差。」

記者再問：「如何個差法？」

豐緒兄說：「一次，我擬了一篇英文稿，送到科長那兒，被改得只剩下 Dear Sir 兩個字。第二次又擬了一篇英文稿送到科長那兒，結果，不但內容全劃掉，連 Dear Sir 都改掉了。您想，像我這樣的英文程度，還能吃外交飯嗎？」其實，豐緒兄的日文程度最好。他留學美國，英文程度也是不錯的。

筆者任駐約旦代表時，豐緒兄以奧會主席的身分和高雄市長吳敦義先生訪問約旦。筆者陪他們去見約旦王儲哈山親王。豐緒兄跟王儲用英語溝通，完全不必第三者翻譯。由此便可知道他的英語文程度了。

奇譚

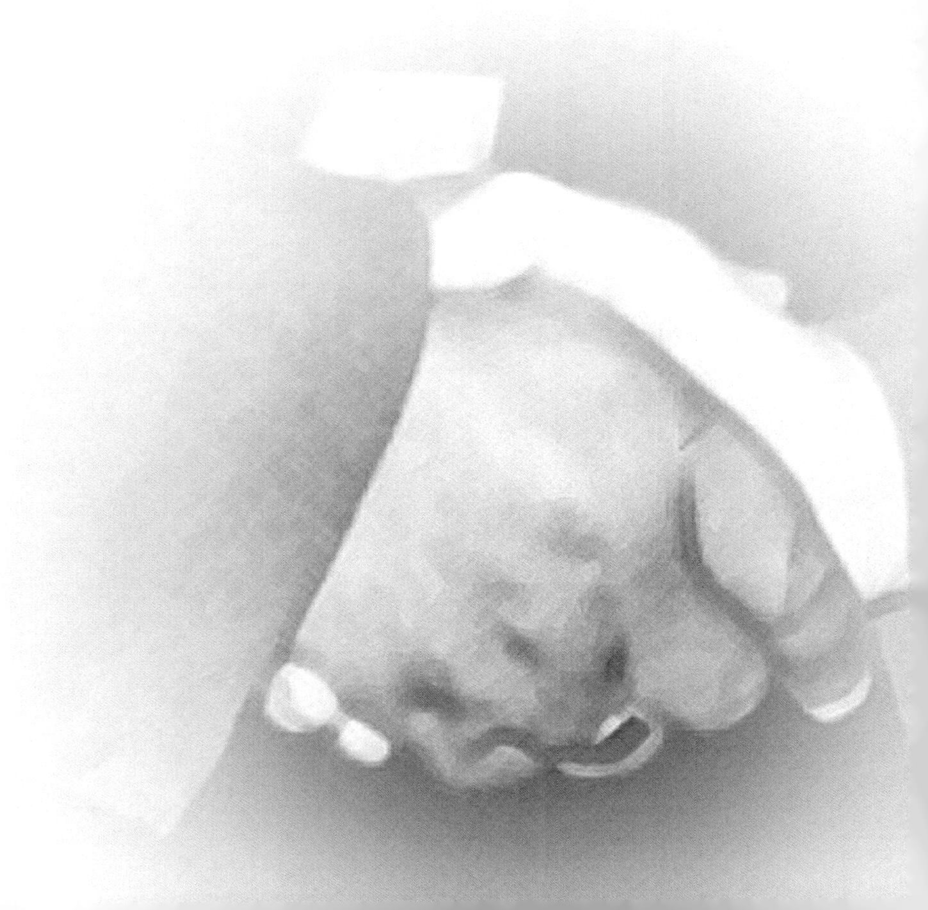

一 「你們台灣人真了不起！」

一九六〇年代，筆者在南斐共和國我駐約翰尼斯堡總領事館任副領事，總領事是陳以源先生。那是南斐的黃金時代。治安良好。經濟發達。白人政府歧視人種。許多大城市，晚上都沒有土人逗留。他們稱之為 White at night。商店傍晚六時都停止營業，但我們可以逛櫥窗。卻絕不必顧慮安全。

當時，約堡一地大型百貨公司便有好多家。John Orr 和 Anstice 是精品百貨公司，貨品都十分高級。Belfast. Woolworths 和 OK Bazzar 是大眾型。另外還有兩家介乎二者之間的。那時我們的台北市，一家百貨公司也沒有。

筆者是總領事館首席館員，也是總領事以外唯一的一位外交官。之外，館中只有兩位荐任主事，二位委任主事。筆者除政務外、還承辦僑務、商務、宣傳等工作。六〇年代，國內經濟還未起飛。我們能出口的，除米、糖之外，漸漸有了鳳梨、洋菇、並且開始有紡織品。

南斐有一間製造洋芋片的工廠，生意鼎盛。由兄弟兩人打理。一人主管生產，一人主管行銷。結果，不知什麼原因，哥哥被擠出公司。他們的公司，據哥哥告訴我，叫雄獅洋芋片。他們的姓，忘記了。只記得哥哥叫查理。他們是猶太人。

查理被擠出公司後，走頭無路，有一天來到總領館詢問台灣有什麼出口生意可做。我告訴他：我們的鳳梨罐頭出口已超過夏威夷。還有洋菇。我們也有一些紡織品、包括克什米龍毛衫。還有電晶體收音機、電唱機等等。查理似乎瞧不起我們的工業。我再告訴他：我們正全力發展電子工業，希望將來成為亞洲電子工業的重鎮。查理認為不可能。結果，我們可說是不歡而散。

二十年後，筆者在泰國任代表，有一天在飛機場送機，居然碰到他，拖著一個手提行李箱準備登機。筆者不太記得他，他卻記得筆者的臉孔。遠遠跑過來打招呼，他說：「記得嗎？我是雄獅洋芋片的查理呀。剛剛從貴國訂了一批電子器材，現在趕去中東呢。」

抓住機會，我對他說：「查理，記得二十多年前我對你說的話嗎？我說我們會發展電子工業。成為全世界電子工業的重鎮。我沒有說大話吧！」

查理說：「你們台灣人真了不起，你們台灣人真了不起！」而後，他匆匆告別，趕登飛機去了。

老實說：筆者在約堡任領事時，也想不到我國會真正成為全世界知名的電子大國。但在全國上下齊心努力之下，我們的美夢果然成真了。

二 多情部長陸徵祥

外交部的前身是一八六一年清廷成立的總理各國事務衙門，一九〇一年改組為外務部。民國成立後，改名為外交部迄今。

依照外交前輩劉達人博士的說法，到民國八十八年止，我國共有六十七任外交部長，擔任部長的卻只有三十六人。因為，有好些部長都曾連任過。連任次數最多的部長是陸徵祥，共五次之多。其次是王正廷，四任。政府遷台後，連任過部長的只有沈昌煥一人。兩任部長，作了共十二年半。

陸徵祥是清代同文館（有如今日的外語學校）出身，先後留學法國和比利時。曾任清廷駐外使館的翻譯、參贊。其後出任過駐荷蘭、比利時、瑞士諸國公使，並曾任巴黎和會中國代表團首席代表。他還出任過內閣總理。擔任外交總（部）長時，對部中官制和組織的制訂有很大的貢獻。他的法語文程度甚佳。中文底子也不錯。

陸徵祥的夫人是比利時人，曾任袁世凱的女禮官。美麗大方，兩夫妻鶼鰈情深。這位小姐紅顏薄命，在北伐前因病逝世。陸徵祥痛不欲生，看破紅塵，於民國十六年回到比利時，在 Abbaye de Saint Andre（聖安德赫僧院）出家為修士。苦讀拉丁文，勤研經典。不久由修士升為神父。陸徵祥的苦行精修獲得同修僧侶的尊敬，大家都以 Dom 稱之而不名。（Dom 是天主教僧侶的一種榮銜。有別於 D. O. M.。後者為拉丁文 Deo Optimo Maximo 的簡寫，意思是：to God the best and greatest。）

第二次世界大戰期間，比利時曾為德國佔領。德國派在比利時任總督的根豪琛上將，曾任蔣中正委員長的軍事顧問。陸部長和他是舊識。就因為這層關係，陸公曾在修道院內收留了不少比利時人，救了不少比利時青年游擊隊員。

這位癡情的陸部長在修道院中渡過了二十多個年頭。民國三十八年病逝比利時，安葬於聖安德赫僧院中。部中同仁每談起陸部長的癡情，不免對他肅然起敬。有些女同事，甚至會一掬同情之淚呢。

三 沈昌公的外交哲學之一

民國三十一年，中央政府已遷到重慶。蔣委員長中正任行政院長而且兼任外交部長。但外交事務，實際上由次長傅秉常代理。

一個星期天早上，蔣公忽然心血來潮，輕車簡從，來到外交部視察。蔣公略事遊走了幾處，辦公室中都空無一人。忽然，他聽見一間辦公室中有人大聲朗讀英文。他走進那間辦公室，赫然發現沈昌公正據案苦讀。就這一次巧遇，沈昌公後來進入委員長辦公室工作，從英文秘書做起，一路高升。

筆者民國四十二年大學畢業。打鐵趁熱，報考當年的外交領事人員高考，僥倖考上了。四十三年，筆者在海軍服兵役，擔任少尉編譯預官，不久接到考試院的通知，要我到外交部實習三個月，經寫好簽呈，先送連絡官室主任批示，再親自送請當時的副總司令黎玉璽將軍最後核可。之後，即由左營趕到台北向外交部報到。其時，昌公已是外交部次長。

某天，高考同年由人事處專員、台大學長黃庚兄帶領集合，聆聽次長沈昌煥先生的訓話。沈先生說了一則故事：

南美一銀行家有子獲得哈佛博士學位。其子返國後，銀行家盼望兒子擔任外交官，因此囑咐其子往見其好友外交部長。會見之時，外交部長問此一年輕博士：「假如你住在一家豪華大旅社中，誤走入他人之睡房，其時，房中僅有一身材噴火、面目姣好的女郎裸體躺在睡床上休息，你將如何？」這位少年博士說：「我會假裝未看清楚，說：『對不起，先生。』而後走出，當然隨手關門。」外交部長未置可否，但說：「過幾天再聯絡。」而後便無消息。月餘之後，銀行家和外長在一酒會中相遇，銀行家認為其子頗有急智，對外長未能予以錄用頗為不解，外長說：「令郎品學俱佳，一表人才，但有點老古板，現今辦外交，有任何機會都不能放過。令郎在這一點上似乎太拘謹了一些。」銀行家無言以對。

筆者對這個小故事印象極為深刻。

民國六十三年三月二十一日，筆者時任我駐波札那大使館一等秘書。到任恰屆滿兩年。早上，大使劉新玉兄懷著滿腹憂慮應召去見波外次。回來之後，滿頭大汗，表情沮喪，告訴全體同仁——我和兩位三等秘書：波政府決定與中共政權建交，同時和我們中止外交關係。

大使四月一日離任。筆者以臨時代辦身分辦理關館工作。我首先將農耕隊情況較佳的機械、汽車等撥給駐史瓦濟蘭和住賴索托的農耕隊使用，農技人員於十天之內全部離境返國。其次，將館內所有財產，如電器、音響、餐器、瓷器等，由我動手找出，三祕劉好善兄造冊，之後，交付拍賣公司在一個早上全部賣出。重要的公文，或燒燬、或保存。至於水電費、來往帳目，兩個星期之內全部處裡完畢。唯一難處理的是館產。

開始時，筆者委託一家地產公司標賣，但開標時只有一位華僑出價五千美元，剛剛是底價五萬美元的十分之一。地產商說：「依照國際公法，你不可以賣館產，所以沒人投標。」那天晚上，波總統府秘書長莫槐來打聽拍賣的情形。我告訴他：「流標了。」他只說：「你們的房子在我們總統官邸旁，將來承購的人，一定要得到總統府的同意。」我說：「好，請即來一封正式的公函。」莫氏答應照辦。

筆者任駐南斐約翰尼斯堡總領事館副領事時即與莫氏相識。事實上，中波建交，便是我開著自己的小福特跑了不下三十次到波京去見他，——那時他是外交部次長——終於達成的。他的女兒和小女在當地中學同班，經常來我們家作功課。雙方走得很近。

第二天，莫氏把信拿來，我送了他一箱黑標約翰走路。筆者拿這封信，雞毛當令箭。勸說當地一位白人富商承購。我對他說：「妳們總統府已允許我們賣屋。而足下又是總統好友，那還有什麼問題呢。」

結果，這位白人波札那公民買下了我們的房產。我所使用的謀略，便是根據沈昌公「絕不放過任何機會」的外交哲學。

宋朝宰相宴殊有一首詩云：

油壁香車不再逢，峽雲無迹任西東。梨花院落溶溶月，柳絮池塘淡淡風。幾回寂寥傷酒後，一番蕭索禁烟中。魚書欲寄何由達，水遠山長處處同。

讀這首詩，筆者的感想是：宴元獻公便是沒抓住機會，機會錯過了，也就只能感傷、感歎了！

四 沈昌公的外交哲學之二

沈昌煥先生任外交部長時，有一天往見曾任外交部長的總統府秘書長張岳公——張群。岳公忽然問他：「我國那一省的人最適合作外交官？」

沈昌公毫不遲疑的答：「四川人。」岳公祖籍四川。

岳公再問：「何以見得？」

沈昌公說：「我在四川時，曾特別去灌縣，參觀舉世聞名的都江堰。其地有個二郎神廟，廟中有碑。上面記載著：『夫天下之至善，莫善於積德。積德莫善於修廟。修廟又莫善於修二郎神廟。夫二郎者，老郎之子，三郎之兄，大郎之弟也。廟前有樹，人皆曰：「樹在廟前。」我獨曰：「廟在樹後。」廟中又有鐘鼓，叮叮咚咚，咚咚叮叮。是為記。』這一篇碑記分三段。第一段是理論。第二段敘述二郎的身世，似乎有憑有據，卻模模糊糊，說了等於沒說。第三段求同存異。碑記中所說的，都暗合外交原則，不把話說死。所以，四川人最合適作外交官。」

一篇解說讓岳公聽得目瞪口呆，口服心服。

沈昌公的這一套二郎神外交哲學，事淺意深。卻很管用。不信嗎？筆者且舉一個實例：

筆者第二次任駐約旦代表時，安排由約旦王室出面邀請我外交部長章孝嚴訪約，晉見胡生國王，接受國立雅慕克大學頒贈名譽博士學位，並居住王宮中，作為王儲的貴賓。誰知行期前一週，亞西司司長長途電話對我說：「請交涉胡生國王訪華。國王若同意，部長即去面邀，若不同意，部長即取消訪問。」我一口回絕：「辦不到！」司長說：「那部長便不去了！」我說：「沒關係。」其實大有關係。

我立即驅車到王儲辦公室訪見辦公廳主任哈馬尼博士說：「部長因國內發生許多大事，可能要延期訪約。」（我沒把話說死。）哈馬尼雖表示沒有關係，但我仍然發覺到他有不愉快的神情。過了兩天，亞西司長又來電話通知我：「部長如期訪約。」這次輪到我不高興了。但，上命難違，只好照交涉。我立即再往見哈馬尼。我對他說：「那天我和你對談後，立刻回了一個電報給我們部長。再三強調中約關係的重要性，希望他摒除其他事務，如期來約旦訪問，今天接到部長回電，他尊重我的看法，同意如期來訪。」

結果一切順利。

附註：（一）其實，胡生國王很想來台，但因種種原因，我不敢貿然邀他。理由，很抱歉，至今也不能透露。

（二）所謂「一中各表」，便是二郎神廟碑記第三段的活用。

五 加味烤全羊

楊西崑任亞西司司長時，第一次訪問茅利塔尼亞。那時，我是住茅利塔尼亞大使館三等祕書銜助理三等秘書。

茅利塔尼亞的習慣：總統請客，通常主桌由總統大達（Moktar Ould Dahdad，意為大達的兒子莫枯大。）為主人。國會議長為副主人。一個坐上位，一個坐下位。同桌的總是外交團，包括法國大使和首席館員、美國代辦、中華民國參事代辦和首席館員。全部共七人。若邀請夫人，夫人們在另一間餐聽用餐。回教國家，男女不能同席。

主菜只有一味：一個大銅盤內放了一隻烤熟的全羊。當地人稱之為墨秀衛（Mechowy）。羊肚子裏頭塞了雞肉、雞蛋、蕃茄、豌豆、和小米，他們叫 Couz Couz，用餐時不用刀叉，只許用右手，不可用左手。宴會完畢，服務人員兩人，一人捧著個臉盆，一人拿一個水壺和一塊放在肥皂碟上的香皂。客人先由佣人從壺裏倒出一點點水來把右手淋濕，抹上一點肥皂，佣人再從壺中倒一點點水供客人洗掉肥皂。沙漠國最缺水，所以，一滴水也不能浪費。一切過程都由另一個佣人捧著臉盆在一旁接住客人的洗手水。

（飯前似乎沒有人洗手。）

楊特使由定代辦和我陪同晉見茅總統，國會議長也在座。茅國地處沙哈拉大沙漠邊緣，遍地細砂。土人都穿著繫有鞋帶的皮鞋，前空後空，實在像拖鞋。不怕細砂鑽進鞋中。晉見完畢後便是賓主閒談。閒談時，我看見議長用右手搓腳丫子。不是香港腳發癢，而是細沙子跑到腳丫子裏去了。怪不舒服，清除為快。

之後，上桌用餐。所謂「桌」，只不過一塊木板加上四條短腳，比普通椅子還矮。大家都坐在地毯上用餐。法國大使坐在總統右手。楊司長坐在議長右手。服務人員兩人抬了一個大銅盤裝的烤全羊，放在桌上。議長用右手撕了一大片排骨肉，放在楊司長盤裏。表示友好。我生怕他用摳過腳丫子的手為我拿羊肉，我趕緊撕了一片羊肚肉，放到自己餐盤裏。茅利塔尼亞的羊肉瘦、香、完全沒有羊騷味。羊肚子中的雞肉、米飯，也非常好吃。楊司長吃得直叫好。

後來回到台北任科長之時，楊西崑已升為次長。每逢與人談及烤羊肉，楊次長便會盛讚只有茅利塔尼亞的烤全羊最好吃。我若站在旁邊，他一定要我作證。想到國會議長搓腳丫子的手，可能楊公吃到的是「加味烤全羊」吧。好吃。好吃。確實好吃。

筆者在中東待過八年。舉凡沙烏地、約旦、科威特、阿曼、巴林、乃至於阿曼，都有烤全羊，我都吃過。但茅利塔尼亞的烤全羊確實最好吃。

六 針鋒相對之一

莊子和惠子在野外散步，途經一座橋。莊子站在橋上，看見水中的游魚，自由自在的游水，輕輕快快的覓食。莊子說：「這些魚好快樂喲！」

惠子說：「你又不是魚，怎麼知道魚很快樂？」

莊子說：「你又不是我，怎麼知道我不知道魚很快樂？」

像這樣「針鋒相對」的談話場面，是外交同仁經常要面對的。且說筆者民國七十五年起在部中任亞西司長。自立報有一位記者周衍祥先生經常來司中拜訪，他是政大外交系畢業的高材生。對於外交、政治、國際關係，他具有極為豐富的專業知識。問起問題來，非常鋒利、深入。是有名的外交記者。

我任司長期間，創立了「咖啡時間」。每天早上十點半，同仁都可到司長會客室喝咖啡、或紅茶。時間為十五分鐘。通常，科員們很少有和司長交談的機會。有些科員，能言善道。但見了司長，不免緊張、壓力太大，說不出話來。我利用這段時間，使科員們能放鬆心情，和長官交談。一方面，我是訓練他們的口才。一方面，我也能觀察他們的性向、辯才、和學識。至於費用，我每兩個月到衛生署開一次醫藥援外委員會有六千元車馬費和出席費，足可應付。

有一天，正是咖啡時間，衍祥兄來打探消息。於是，我也請同仁為他斟了一杯咖啡，而後，我們天南地北的閑聊。他忽然問我：「看別的司處長都兢兢業業的工作，您卻輕輕鬆鬆的樣子，一點也不緊張。您有什麼訣竅嗎？」

我說：「上有好長官，下有好同仁，我不過是機器中的一個小齒輪。只要我這顆齒輪潤滑自如，一切自然順利、流暢。我有什麼好緊張的！」

第二天，衍祥兄在自立報的「外交花邊新聞」欄中說：「外交部亞西司司長劉瑛慧眼識置產，在台北東區的精華地段內買了好幾處房屋，是以無後顧之憂，作司長作得十分瀟灑、輕鬆。」我在台北大安區確有兩處房屋，信義區也有一處。這位周先生如何探知的？實在厲害。但卻不是我向他說司長作得輕鬆的理由。

幾日之後，周記者又來到我的辦公室。他直接了當的問：「沙烏地可能與我斷交，外國報紙有好幾家都有報導，但您一直不承認中沙邦交會生變。若是外國報紙說對了，您豈不會很難堪？您這種報喜不報憂的態度，似乎有問題。」

我說：「你認為危急，你可以在報上刊出你的看法。我看不出有任何問題，我可不能亂作主作，危言聳聽！」

他還不死心，辯說：「國內也有報紙透露同樣的消息，難道都是空穴來風？」

我說：「我昨天傍晚經過新公園，向報僮買了一份晚報。我問報僮：『多少錢一份？』他說；『十元。』我給過錢，但我拿起報紙一看，上面分明寫的是『每份六元』。於是我問報僮：『報紙上分明寫的是六元，你怎麼要我付十元？』他卻很技巧的反駁說：『先生，這報紙上的話您哪能完全相信呢？』說得也是。好像我對你說；上有好長官、下有好同事，所以司長作得輕鬆。而你的報導卻說我在台北精華地區有幾處房產，所以作得輕鬆！報上的話，實在難以置信！」

衍祥兄無話可說，走了。

在我近五年的司長任內，中沙關係一直很穩固。

七 招駙馬

民國五十五年初，我國農業訪問團由台大教授黃啟柱先生任團長，率領了農業專家唐民、劉青波、楊建華和一位講師先生訪問南非三邦——巴蘇托蘭、貝川納蘭和史瓦濟蘭。

我從民國五十三年起，積極和三地政要聯繫，單槍匹馬，每地都跑過二十多次。和他們都很熟悉。農技團來訪，陪訪工作我是責無旁貸。一切訪問節目也是我事先到三地接頭安排好的。

我們一行人先到史瓦濟蘭。唐民兄和楊建華兄坐我的車。黃教授等坐由司機愛德華開的館車。我們上午九時左右出發，在Emero鎮吃午餐，下午兩點左右到達墨巴本，住進高原景旅社（Hightland View Hotel）。

當天晚上，自治政府總理馬可西尼。大米黎親王（Makosini Damini）有一個歡迎酒會，邀了連我們農訪團約共三十人左右參加酒會。唯一的一位白人外賓是美國駐史領事坡斯特（Post）。

主人方面，除總理外，有財政部長喬治。墨西比，工商部長西門。顧馬洛、禮賓司長頂立索、參議員賴醉酋長、副警察總監斯卡迪（總監是英國人）、國王連絡官沙其瓦約等。之外，還有兩位年輕的公主。

字？」

顧馬洛問我：「艾德蒙（我英文名 Edmund），我們今天有二十多人，你能叫出幾個人的名

我打量一下，然後告訴他：「除了兩位公主外，所有人的名字我都記得。叫得出。」

他似乎有點懷疑。於是，我一個一個告訴他。他可真是大吃一驚。

我對他說：「我是來交朋友的。若朋友的姓名都不知道，哪能算交朋友！」

顧馬洛滿面笑容。突然他對美領事坡斯特說：「這位中華民國來的領事能叫出我們在座所有人的名字，你能叫出幾個？」

看到坡斯特一臉尷尬的表情，我連忙岔開話題：「西門，你還沒把兩位公主介紹跟我們認識呢！我可還不知道她們的名字。」

西門把兩位公主叫過來，介紹給我們。

之後，兩位公主一直跟著我問東問西。她們從沒離開過史瓦濟蘭，連南斐都沒去過。更不要說台灣了。

劉青波兄看在眼裏，走過來，跟我開玩笑說：「我今天才發現自己老了。」其實，他才不過五十出頭。

我問他：「為什麼？」

「你看，酒會中這麼多人，唯一的兩位小姐貴賓只跟你說話。對我們這些老人家不理不睬。不聞不問！」

我們訪問團中年紀最大的，其實是唐民兄。他剛好六十整。

於是我特別把青波兄介紹給兩位公主：「這位劉先生，我們同宗。他是水土保持專家，學問好，又健談，又有幽默感。」

彼此寒暄之後，可兩位公主就是不太肯和他交談。

於是這位劉專家再進一步打趣我說：「劉領事，你不但外交成功，似乎對異性也有一套。既然得到兩位公主的青睞，何不就招個駙馬呢？」

正好唐民兄也在一旁。他們兩個哈哈大笑。

兩位公主問：「他們笑什麼？」

我能說實話嗎？我只好騙她們：「他們說：兩位公主年輕美麗，若去台灣，一定有很多青年男士想作駙馬呢！」

說得兩位公主也笑了。

註：非洲人名不好記。但可用聯想（Combination）來記。譬如：沙其瓦約，我先想到沙其瑪。斯卡迪，我想到「死桿弟」。顧馬洛，英文為 Nxumalo，發音有點像「駑馬囉」。有了聯想，便好記了。

八 鯊魚不咬中國人

民國五十四年，我在駐約翰尼斯堡總領事館任領事。吳祖坪先生領隊，帶了一個十人貿易訪問團訪問南斐。全程由我陪訪。

除了斐京（Pretoria）和約堡外，我們還訪問了開普省的開普敦、伊利沙白港和東倫敦。最後，我們到了那他省的首府德班市。德班距約堡四百英里，是南斐最大的港口。其地有華僑約五千人。而印度和巴基斯坦人加起來差不多有兩百萬。當時，德班市長是位女性。我們到市政府拜會她時，有一位團員稱她為Mayoress（市長夫人），她立即更正說：「我是市長（Mayor），不是市長夫人。」

我們到德班的當天晚上，那他省商會有一個盛大的酒會。女市長也應邀出席。我和她聊天時，市政府一名官員向她報告：海灘又出了事，兩名游泳者被鯊魚咬傷，情況都很嚴重。她皺皺眉頭。對我說：「我們德班有最好的海灘。可惜每年都會發生鯊魚咬人事件！」

我說：「你們海灘不是裝設了防止鯊魚咬人的鯊魚網嗎？」

她說：「效果還不是百分之百。」又說：「你們台灣是海島，四面都是海。你們的海灘多，不可能全部架裝鯊魚網。鯊魚咬人的事件一定很多吧？」

我想了想，似乎還沒聽過有鯊魚咬人的事件。於是我回答她；「還沒聽說過。」

她有點不相信：「那怎麼可能呢？」

我想起國人喜歡吃魚翅。於是我半開玩笑的對她說；「我們東方人愛吃魚翅。紅燒排翅在我們台灣可是名菜。甚至可說是國菜。鯊魚要躲我們還來不及，哪敢游近我們的海灘？」

說得女市長哈哈大笑。

九 商務艙

筆者任駐泰王國代表時，每次因公返國、或回國休假，為了節省，總以購買商務艙機位為原則。華航由泰國來回台北的機位，由歐洲經曼谷回台的，有頭等。自曼谷發機的，只有商務艙。

有一次回國參加會議，抵台北的第二日，總務司庶務科有一位科員打電話到筆者家中。他說：「開會都是由部方發票的。大使自己買機票回國，票價比統一發票的票價貴，請大使補足差額！」他的想法是：一、大使、代表們回國，一定是坐頭等艙。二、自費買票可能有什麼好處。其實，筆者每次因公來去，都是請代表處的服務組訂購機票。服務組長（參事）知道我的脾氣，總是命承辦的庶務人員訂購商務艙。

我對那位無理的科員說：「我是同仁替我買的商務艙回來的。要補多少錢？」他說：「您沒坐頭等艙呀？對不起，對不起！」把電話掛了。我到部中辦事見到總務司長，我一字未提。

記得有一次從曼谷回國開會，在機場碰見世華銀行董事長林來榮先生。打過招呼之後，他告訴筆者：他同太太要去台北。他是去主持銀行董事會的。然後筆者說：「好。回頭見。」林老先生在等他的秘書辦通關、劃機位手續。我則係以外交官身分，隨時可出入機場。逕付華航貴賓室休息。一切手續由服務組同仁辦理。心想，林董事長辦好手續，一定也會來貴賓室的。

世華銀行原由一位菲律賓華僑任董事長，年年虧損。林來榮先生接任董事長後，銀行轉虧為盈。他是第二代華裔，泰姓 Viravan。他的胞姪林日光博士（Dr. Amnuay Viravan），任國務院副院長時，曾安排我總統李登輝先生率團訪泰。筆者在貴賓室一直等到要登機，可還不見林老先生到來。只好由華航機場經理陪同登機。這班航機是自歐洲來的，有頭等艙。因為趕時間，同事替我訂的正是頭等艙。下機後便可去會場開會。筆者等到機艙門都關上了，可還不見林老先生的影子。一時好奇，往商務艙探看，也找不到林董事長。再往經濟艙探視，赫然發現他和夫人，擠坐在經濟艙中。為避免尷尬，筆者只能裝沒看見，迅速回到自己的座位上。心裏卻十分慚愧。大銀行的董事長都可坐經濟艙。筆者何德何能，雖說是為了國家的體面，不能坐經濟艙，但乘搭只有商務艙的班機，坐商務艙，既不至貶低身價，卻也相當舒服，豈不是好？

據林老的秘書告華航的朋友說：林老先生接任世華董事長後，創導開源節流。是以搭機一定坐經濟艙，以身作則。真令人敬佩。

林老先生是忠貞的國民黨黨員，雖然自奉甚儉，而對於公益捐獻，卻從不後人。在僑社中清譽甚佳。筆者在泰五年，每年林老先生壽辰，一定同副代表連袂登門拜壽。他已仙去多年了。每一見到有同仁浪費公帑，常提出林董事長的事蹟來開導。寫到這裏，眼前浮起林公親切友愛的笑容，眼睛都不自主有點濕潤了。

十一比一

在尼加拉瓜的首都馬拉瓜市，雖然房屋多在一九七〇年代被大地震震壞，但好的餐館仍多，在斷壁殘垣中茁壯。

筆者好吃。在駐尼大使館任參事時，最愛發掘好餐館。經常光顧的有一家西班牙菜館，名為「西班牙之角」。他們的海鮮焗飯，百吃不厭。進餐前的開胃菜——兩片沙拉米（salami乾香腸），味道之佳，至今難忘。

又有一家美國人開的連鎖店「龍蝦小館」（Lobster Inn），全龍蝦套餐只要四十九個本地幣（一美金合七個本地幣），味道也非常好。龍蝦西班牙文叫langosta，發音類似「難過死啦」。同仁們相約去吃龍蝦，大家都愛說：「我們今天去難過一下吧！」

又有兩家披薩店，比鄰而開。一家生意非常好，食客都要排隊。另一家則門可羅雀。原因是；一家的披薩非常好吃。另一家則非常難吃。一位當地僑胞對我說：「兩家披薩店的老闆是同一個人。」我想，這裡面一定有文章。在大使館附近有一家專賣咖哩雞肉派（Chicken Pie）的店，味道好，價錢便宜，當地人趨之若鶩，筆者有時買來當午餐。

雞肉派的老闆是韓國人。多買了幾次他的雞肉派後，我們勉強算是朋友，有時彼此都用生硬的西班牙語溝通。大概一年以後，這位老闆告訴我說：他是北韓人。他們家鄉人最愛吃狗肉。我最愛晨跑。在台北時，每天清晨總愛上公園慢跑。但在馬拉瓜不行。馬拉瓜狗特別多。你要是晨跑，後面會有一大群狗追你。我離開馬拉瓜前，特地去這位北韓人的店裡買了幾個咖哩雞肉派。我對他說：「我要走了，要離開馬拉瓜了。你的雞肉派真好吃，我會想念的。」

他說：「你要走了，想不想知道我的雞肉派祕方？」

我說：「你能告訴我嗎？那是你的商業機密。」

他說：「沒有關係。你都要離開啦。記住：雞肉中要摻一些狗肉，派的味道才好吃！」

我說：「謝謝。」準備要走了。

他又問：「你知道要摻多少嗎？」

「摻多少？」

「一比一。」

我說：「知道啦。謝謝。」又準備離開。

他又再把我叫住：「何謂一比一，你懂了嗎？」

「當然是一公斤對一公斤吧！」我答。

「錯了。」他輕聲告訴我：「是一隻雞，一條狗！」

直到今天為止，我雖然沒有試過，但我對那位仁兄的話，一直存疑！

十一 一百美元宴一百五十人

民國六十七年十月初，我駐宏都拉斯大使館大使唐京軒辭職離去，館務由筆者任參事臨時代辦。比照總領事待遇。大使留下的當月交際費和經費全部只一百美元。而部中早有電報通知大使館：一個九十三人的青年文化訪問團將於十月下旬抵宏，並在宏京演出。請安排、協助、接待。這些工作都只靠這一百美元來應付了。

文化訪問團來訪，對大使館來說是一件大事。我帶了三祕何國基到文化部交涉，由代理部務的副部長柏特南（Hermes Bertrand Anduray）接見。我們達成了三項協議：

一、在 Teatro Manuel Bonila（M. B.戲院）演出。

二、票價、售票全由宏方主理，所得全部供宏方用之於慈善事業。

三、外交團、僑團、我駐宏同仁的票，由大使館免費分送。

結果，票在第一天便搶購一空。主辦當局不得不在走道之中再加一排椅子，多出了上百個座位，多賣了一百多張票，以便可以多為慈善事業籌一點錢。而後，我打電話給華僑總會的余敦友會長，告訴他我國由大專學生組成的青年文化訪問團要來訪問，是年度大事。我要親自到他府上拜會，商討如何使他們的訪問愉快、成功。余會長表示歡迎。我之所以要親自去余府，乃是要打開大使館和僑會間幾年來沒有互動的僵局。

到了余府，坐定之後，我告訴余會長：「第一、此次青訪團演出門票是要賣錢的，供慈善事業之用，但華僑總會理監事和夫人們的票，由大使館奉送。希望僑胞們多多捧場。第二、十月三十日晚自助餐宴請全體訪問團人員，請會館全體理監事暨夫人一起來吃飯。第三、訪問團來、去，希望會館派員接送。」

余會長大為高興，他說：「正愁買不到票，非常感謝大使館想到我們。一切照辦之外，十一月一日由會館設一盛大晚宴歡迎網問團全體團員，並請大使館全體長官和夫人參加。」事情便這樣說定了。我們彼此都很滿意。

十月二十九日，我打電話給農技團團長說：「一、三十一日青訪團公演，請全體團員來京城欣賞演出。二、三十日本人晚宴，請全體團員參加。三、請來京城時，攜帶足夠一百五十人吃的蔬菜和水果。」團長欣然接受。

我又打給漁技團長，請全體團員吃飯、看表演。但也請他們帶足魚、蝦之類，供晚宴之用。我再打電話給電力團呂團長，請電力團的同仁（才兩個人）看表演、吃飯。至於唐大使留下的一百美元，則專供買牛肉、牛筋（一磅只要七角美金）、豬肉、雞、油和佐料。此外，館中尚有一百多瓶各色烈酒，隨便拿幾坪便夠喝的。我自己掏腰包買了四打 Cervesa（啤酒），結果也沒喝完。

邀宴一百五十幾位客人晚餐只花一百美元，這恐怕是史無前例的事。

筆者離任時交給後任于彭大使的是美金一萬一千二百三十四元八十五分。

十二 「買票進場？」

宏都拉斯的外交部和國防部共用一個大樓。一個入口在東邊，一個入口在西邊。論算，國防部是機要重地，軍事總部，在任何國家的國防部，莫不是全副武裝的衛士把門。門內也是警衛森嚴。但宏都拉斯的卻不一樣。今日有無改變，筆者不敢斷言。但在一九七九年確無衛兵站崗。其時，筆者為駐宏大使館參事代辦。

話說哪一天，筆者奉部令交涉安排參謀總長賴名湯將軍訪宏的日程。司機十時準把我送到國防部大樓。一到門口，我可傻了眼。哪兒有衛兵？大門口到有好幾個擦皮鞋的小童，坐在小木櫈上，面前擺著全付擦皮鞋的道具，還有一張供客人坐的椅子。

這還不算。一進大門，賣香烟的，賣獎券的，賣油炸大香蕉（platano）片的小販五六人，一湧而上。似乎，我若不買點什麼、便上不了樓的那種架勢。還好，一位上尉軍官適時從樓上下來，叱退小販，把我領上樓，見他們的部長。

部長是一位佩有中校軍階的中年人。（當時，宏國只有總統拉巴斯是少將，還有一位少將是參謀總長。全國只有兩位將軍而已。）姓名一時忘記了。他曾在我國為中南美國家所舉辦的「遠朋班」受過訓。所以對筆者頗為親切。並且用中文說：「你好。」

筆者的西班牙文實在不夠水準，而部長的英語更差。我們兩人，結結巴巴，總算把事情說清楚了。臨別，他還給了我一個擁抱禮，並且送給我一盒盒上印有他的姓名、頭銜、和軍階的雪茄煙。而後，部方又有電報，要筆者和約方商談我外交部長朱撫松先生訪宏事宜。筆者這次學了乖，事先把要交涉的內容用英文寫了兩張紙，交給秘書小姐譯成西班牙文。再花了幾個小時把內容全部背個滾瓜爛熟。第二天，由司機車我去外交部。時間也是上午十點。

外交部大門口的「佈置」和國防部一樣。但他們禮賓司事先派了官員在大門口迎接，替筆者開車門，引導筆者到部長辦公室。外交部長高梅士（J. Gometz），個子很矮，大約一百六十公分左右，五十多歲，頭上已有白髮。他曾作過駐落杉磯總領事，卻不太會說英語！寒喧之後，我們以西班牙語交談。舉凡朱部長晉見拉巴斯總統、總統國宴、雙方部長會談等節目，全部談清楚了。前後約二十分鐘。而後我辭出。臨出門，部長還說筆者西班牙文不錯呢。因為，程度上，比他的英語確實好多了。

十三 針鋒相對之二

讀《孟子》，孟子說：「我豈是好辯？我實在不得已！」說得很正確。一個作外交官的，常常有要同別人辯論的場合。而且，不得已！

筆者任駐約翰尼斯堡副領事之時，我們的辦公室租在統領街的路易馬克大廈中。大廈樓高二十八層，某國的總領館也在同一大廈中辦公。他們和中共有邦交。是以他們的館員，對我們總領館的同仁都不甚友好。

該館有一位名彼德的領事，常不懷好意的和我搭訕。對於我國任何正面的報導他從不提。若是我國內洪水成災，颱風肆虐，或地震、山崩等負面消息，他一定會假裝慰問，骨子裏似乎在笑：看你們如何應付！此外，他談話中一直暗示我們是個專制國家、獨裁政府。有一天早晨，我們又在電梯中不期而遇。他以一付貓哭耗子的神情，以同情的口吻說：「你們台北市長由無黨無派的高玉樹當選了！你們國民黨的日子恐怕會難過呢！」

筆者說：「謝謝你的關心。在一個民主的國家中，開明政府下，這種情形經常會發生的。好像美國：總統是民主黨員，國會中的多數黨卻是共和黨。只有在像蘇聯那種專制集權的國家中，這種事才不可能發生！」其人啞口無言。自此之後，他對筆者的態度友好多了。對我國的觀感也有所改變。

又有一次，筆者由約翰尼斯堡到巴蘇托蘭的首府馬色路出差，居停在當地唯一的小旅社——藍氏旅社（Lancer's Inn）——中。傍晚飯後無事，和一位南斐友人在旅館的酒吧中喝啤酒、閒聊。一位衣衫不甚整齊、神秘兮兮的土人前來跟我們搭訕。我因為是來交朋友的，我也為他叫了一份啤酒。他大口喝了幾口啤酒，滿臉笑容的問：「你從哪兒來？」（Where do you come from?意思是問我是哪兒的人。）

「約翰尼斯堡。」我故意技巧的回答，免得囉唆。

「我剛從北京接受游擊戰訓練回來。」他一面細聲說，還一面東張西望，生怕有旁人聽見似的，然後又補充：「我們需要革命。」

「為什麼？」我說。「你們已有人民選出來的自治政府了。而且馬上要獨立了。還革什麼命？」

「你不知道，我們應該由工人當政！」他理直氣壯的說。

於是我反問他：「北京當政的毛澤東，他是工人嗎？他們的『總理』周恩來是工人嗎？部長們都是工人嗎？」

他說：「都不是。」已經有點氣餒的樣子。

「還有，」筆者再追問：「他們當政的都不是工人，你們為什麼要由工人來當政呢？」

其人無言以對，而且顯然有點跼蹐不安的樣子。

我再補充一句說：「請別忘記，你們現在自治政府的總理約拿旦（Chief Lebua Jonathan）卻是不折不扣在南非共和國金山做過金礦礦工的工人出身！」

其人擠出一點苦笑，溜了。

十四 即席致詞

筆者任司長之時，部長是朱撫松先生。每年年終，朱部長照例有一個盛大的午宴，大概有十來桌，邀請各大媒體跑外交新聞的記者，答謝他們一年來和外交部的合作。主桌當然是由部長任主人。其餘各桌則分由應邀來陪客的各司處正副首長為主人、副主人，大致一桌十人，主人副主人外，來賓八人。

宴會開始時，部長致詞，對年來各位記者的充分合作表示感謝之意。而後是一些祝福來賓新年如意、萬事順利的吉祥話。最後，朱部長以幽默的口吻提醒同仁說：「今天在各位同仁四周的都是記者小姐、記者先生們。他們都能舉一反三、觸類旁通，都是一等一的挖新聞的好手。所以，各位同仁說話，可得千萬小心。」

第一道菜上桌，我舉杯敬酒。我對同桌的八位記者說：「各位記者小姐、記者先生，今天在諸位四周的都是資深外交官，他們的外交詞令那都是大大有名的。所以，諸位對他們所說的話也不必太過認真。」說得記者們哈哈大笑。

孔夫子說：「駟不及舌。」意思是說：「再怎麼跑的快的好馬，也追不上舌頭所說得話。」

筆者任駐泰代表時，一個國際攝影學會在曼谷開年會。我國的代表團由一百零三歲的郎靜山先生領隊出席。大會開幕典禮中，筆者應邀說話。簡短的致詞中，筆者讚美攝影家總是把事、物最美、最好的一面拍攝下來，讓人們欣賞。這種「隱惡揚善」的行為，堪稱為君子的行為。

第二天，曼谷七家中文報都把筆者致詞的全文刊了出來，當然也包括了這一段話。三天之後記者節，大約有八百餘人參加記者節晚會，筆者也應邀出席、致詞。大會正式開始前，資深記者紀雲程向筆者訴苦說：「攝影家『隱惡揚善』都是君子。而我最好揭人瘡疤，暴露社會污暗的一面。我可不是十足的小人？」

我說：「醫者救人，軍人殺敵，其間那有仁與不仁之分。而工商百行，形形色色，也不是『君子』和『小人』二分法能涵蓋得了。等會我致詞時，我會給您一個圓滿的答覆。」

致詞時，筆者說了過門話之後，說：

「我剛剛坐車來參加盛會的時候，忽然想起了宋代大忠臣文天祥的《正氣歌》。『天地有正氣，雜然賦流形。下則為河嶽，上則為日星。』然後，他在文中舉出若干胸懷正氣的人。他說：『在齊太史簡，在晉董狐筆』。我相信各位記者女士、記者先生都曾讀過這篇文章。其中『在齊太史簡』一節，是說齊國的棠邑夫人長得非常美麗動人。這位女士和齊景公、齊國的大夫崔抒都有姦情。她的先生死了，崔抒搶先一步，把棠邑夫人接到家中做小老婆。而齊景公仍然常到崔家來跟棠邑夫人幽會。崔抒忍無可忍，一次齊景公來幽會棠邑夫人時，唆使下屬把齊景公給殺死。崔抒找來太史，要他記下齊王的因無道而遇害。太史當即在書簡上寫道：『崔抒弒其君！』崔抒大怒，把太史殺了，找他二弟弟來寫。這位年輕人毫不猶豫，提筆直書：『崔抒弒其君。』崔抒又把他給殺了。再找來老三。老三也不屈服，照樣寫『崔抒弒其君。』崔抒不得已，知道再殺也無用，因此把老三給放過了。

前幾天攝影學會，本人曾稱讚攝影家是君子，因為他們『隱惡揚善』，總把事物好的一面呈現給世人。但是記者的責任卻不同，他們要對歷史負責。社會好的一面要報導以勸世，社會黑暗的一面也要報導以警世。即使刀劍架在脖子上也不能退縮。他們應該像齊國的太史，不能以只作一位君子為滿足，他們要更上層樓，為世間保持這份正氣。」致詞完畢，臺下一片掌聲，久久不絕。回到座位上，我對紀雲程說：「紀大哥，我的解說您還滿意嗎？」

他說：「代表真能講話。您這麼一解說，我不但不覺得洩氣，倒還有點洋洋得意、飄飄然。以作記者為榮呢。」

紀雲程原在香港任職，曾作過許多歌詞。如有名的「相思河畔」一歌便是他作的歌詞。

十五 吉人之辭寡

一九九一年十一月，筆者時任駐泰王國代表。第二十四屆中文報協年會在曼谷召開。與會的記者、報人，來自世界各地。當然也包括中國大陸與香港。約有近兩百人參加盛會。年會於二十三日上午閉幕。中午由介壽堂慈善會主席李光隆先生在國賓大飯店邀宴與會代表。筆者也應邀出席、並致詞。

當時，由於兩岸三地都有代表出席，措辭不易，筆者避重就輕，只談報業，不涉敏感問題。莎士比亞說：「簡潔是文學的靈魂。」是以筆者的致詞，以簡潔明白為主。而幸未出差錯。次日，曼谷的華文報之一的工商日報在第一頁刊出「及時風」先生以〈吉人之辭寡〉為題的社論，全文入次：

第二十四屆世界中文報協年會已經於二十三日圓滿結束會議，同日中午，介壽堂主席李光隆與各位委員，特地在國賓大酒店歡宴出席會議的各報代表。

宴會中，國府駐泰代表劉瑛先生應邀起來講話。及時風雖然是個超然於黨爭的人物，但身為報人，卻不免要聽聽劉瑛先生在這樣一個場所將如何「措辭」？

身為業餘作家的劉瑛先生，實在不愧是個能言善道的人物。他從世界中文報協年會的意義談起，引述了別人說的話，指出下一個世界也許將為亞洲人的世紀。誠如是，則下一世紀也將是中國人的世紀……。

劉瑛先生就從這樣一個課題之下講下去，言簡意賅地強調了中國人在下一世紀的世界人類大舞台上或將扮演的重要角色，以及中文報所肩負的重要任務。

劉瑛的通盤講話，只提到中文報、中國人，卻巧妙地避開涉及「中國」的字眼。因為如果提到了當前的中國，劉瑛先生就得涇渭分明地分清了兩岸的「兩個中國」的稱呼。而在場參加宴會的，除了台灣一方的報人之外，也有來自中國大陸或是香港的大陸一方的報人，涉及了對當前中國的稱謂，那就很難把措辭掌握得恰到好處了。

能夠巧妙地「避而不談」，正是劉瑛先生在這樣一個場所最得體的詞令。一個人在公眾場合中，總不能因為人家請你起來講話，便暢所欲言，而毫不顧及整個環境條件的許可性和適當程度。

及時風眼觀在座的大陸方面報人，在劉瑛的講話結束後，差不多一致地盡報以禮貌的鼓掌。但是如果劉瑛先生把話講得不得體，不給別人家留點餘地的話，也許代以鼓掌聲的，卻是一部份在座賓客推動桌子，拂袖而起的聲音。

及時風的結論是：一篇精彩的講話，正如一道好菜色一樣，並不需要其量多，而是講得恰到好處，令每一個在座的聽者都能夠接受。

劉瑛先生在介壽堂宴會上的講話，畢竟是一篇成功的講話。完全符合了晉朝謝安先生所說的一句講話秘訣——

「吉人之辭寡」！

（工商日報一九九一・十一・廿四）

這句話是有典故的：

晉朝的王羲之號稱書聖，到今日為止，代代都有法書家，還沒聽說有誰能在法書上超過他的。他有七個兒子。有一天，他的三個兒子——操之字子重、徽之字子猷、獻之字子敬——往謁謝安，子猷、子重多說俗事，子敬寒溫而已。他們三人離去後，坐客問謝公：「他們三個年輕人誰比較好？」謝公說：「小者最勝。」小者是指子敬。坐客又問：「何以知道呢？」謝公說：『吉人之辭寡、躁人之辭多。』所以知道。」

按「吉人之辭寡」這一句話出自易繫辭。意思是說：「君子不多言」。

英文中有一句名言：Brevity is the soul of wit. 和「吉人之辭寡。」的意思差不多。

十六　請房東加租

民國七十八年三月筆者初到曼谷任駐泰代表，覺得代表的寓所實在太大。約九百八九十坪。一個游泳池，一個花園，一個好似涼亭大小的鳥籠，還有可打羽毛球的草坪，差不多便佔了四五百坪地。兩層樓的主建築坐落在約三百坪的土地上。樓下有一大一略小的兩個客廳。（裏面都附有洗手間。）一個大到可以開餐廳的大廳。酒吧、洗手間、過道，都非常大。還有一間擺有十二人餐桌椅的家庭餐廳。樓上會議室，平時打桌球之用。主臥室，包括寢室、梳妝室、洗手間、小書房，佔地三十坪之多。另有三個套房、一個電視房、一間儲藏室。正房後是一個兩層樓的偏屋，包括廚房、食物間、佣人套房大概三個，那是廚子和四個女傭、兩個保鑣居住的地方，筆者從未進去過。

這麼大的「豪宅」，月租只七萬泰銖，差不多七萬台幣。而筆者在台北市敦化南路吟龍大廈中一個六十七坪的單位，當時租給中興紡織公司，月租正是七萬台幣！所以曼谷的代表寓所，房租實在便宜的太離譜了。據估計：市價應在月租二十到三十萬之間。一年租期屆滿，我和管總務的主事張育生兄驅車到房東堅塞將軍府上，一則是拜會，一則是商談調整房租。

堅塞將軍年已七旬開外，他曾任最高統帥、國務院院長，是中華民國的摯友。我和他還是第一次見面。育生兄卻和他相識很多年了。他約一百七十多公分高，行動似乎不太方便，腹部特大，一臉老態，由副官扶持，在會客室門口相迎。我們送上禮物。佣人獻上咖啡、點心。寒暄之後，筆者向他提出：「閣下的房屋我們住的非常舒服，希望繼續租用。」

他說：「當然，沒有問題。」

筆者說：「閣下所訂的房租實在太低，可否請稍微加一點？」

他說：「論算，房子借給朋友住，不應該收費。你既然提出，你看加多少就多少吧。」

我和育生兄用國語交換了一下意見，認為最少要加一萬。於是筆者說：「先加一萬如何？明年再調整。」

堅塞將軍說：「那就加一萬吧。」他吩咐隨侍在側的副官，要他告知管家和代表處重簽租約。

我們辭出時，堅塞將軍扶著枴杖，送我們到會客室門口。看他白髮蒼蒼、滿佈皺紋的臉，掛著嚴肅而又友善的笑容，想當年他叱吒風雲，指揮三軍，號令全國，一定是威風凜凜，雄姿英發的上將軍。不禁令人興起敬慕之心。第二年，我們又要求加了一萬。即每月九萬元。直到筆者於民國八十三年離職，房租未再加。從來只有房客嫌房租貴的，房客要求房東加租，而且一加便一萬，在台灣，這可是從未聽過的事。這使我想起我的前任沈克勤兄，他在泰國共待了二十年。由於他和堅塞將軍間奠定了深厚的友誼，才使代表處能花微不足道的租錢租到十分氣派的代表官邸。

十七 演講

演講像作文章。但文章可以修改、潤色。演講，話一出口，可就收不回來。要改口也不行。

英國首相邱吉爾的母親是美國人。他訪問華府，一下飛機發表聲明。他說：「我從我的父親之國（fatherland，祖國的意思），來到我的母親之國（motherland）。」一句話便抓住了聽眾的心。（原文為：I come from my fatherland to my motherland.）葉公超先生訪美，來到一處棉花田。他對陪同的人員說：「看到這一片棉花田，覺得十分親切。因為：我和我的同仁身上穿的襯衣，衣料都是來自此地的棉花紡織而來的。」一句話便拉近了雙方的關係。

筆者在泰國任代表之時，因為當地華僑太多，舉凡婚、喪、喜慶，店鋪（公司）開張，工廠開幕，常有受邀參加、甚至說話的機會。每一次講話，事先最好有個準備，才不致臨時「無話可說」，或者胡說一通。

老長官蔡維屏博士，口才一流。在特定的場合，總能說出適當的話。例如：童子軍年會、輪胎工廠開工、瓷器專門店揭幕，他都能按題目作文章，再穿插一點幽默，絕無冷場。筆者曾私下向蔡大使討教過。他說：「演講很簡單，先請教老師。老師不是別人，就是你書房裏的大英百科全書。當然也可到圖書館找『老師』。」

一句話，使筆者茅塞頓開。特地買了一部大英百科全書。隨時參考。

但是，題目若相同，譬如說：結婚，我們絕不可以每次都說「早生貴子」、「天作之合」、「郎才女貌」等那些老套吉祥話。（貴子生太早了也是一個問題！）應該要每次都不一樣。而曼谷僑社，每星期都有人結婚。稍具地位的婚家，免不了要請代表參加婚禮、「訓話」「指教」、攝影留念。以壯聲勢。張先生和李小姐結婚、王醫師和劉護士結婚，雖然同是結婚，但由於結婚的主角不同，我們還是可以就主角的職業、家世、學歷、甚至結婚時的天候、節氣等有所發揮。這樣一來，題目雖然都是「結婚」，內容卻可多采多姿，千變萬化了。

一位李小姐嫁給張先生。筆者致賀詞時說：「總聽說『張冠李戴』。今天，李小姐和張先生珠聯璧合，從這一刻開始，李小姐變成了張太太，正是名符其實的『張冠李戴』。」

一位甘玲小姐嫁給王翰九先生。結婚之日，正逢連綿春雨。賀客有的小聲咒罵天公不作美：「多久不下雨了，偏在人家的好日子下起雨來。」筆者講話時說：「常言道，水就是財。許久沒下雨，今天王甘二府聯親，連天公都來參加慶賀。天公說：『久旱（翰九）逢甘霖（玲）』。這可不就是指翰九先生和甘玲小姐。所以，十足顯示他們的婚姻是受到上天祝福的，他們的婚姻生活將會如久旱逢甘霖，如魚得水，美滿、豐收。』

又有一次，因吃壞東西住了兩天醫院，第三天應邀參加美食會（Epicurean circle）的月會。致詞時，筆者說：「中國人好吃。我鬧肚子住了兩天醫院。今天早上才出院，晚上又趕來參加你們的美食會。所以說，中國人好吃這一點，劉代表是頗具代表性的。」

就幾句話，便能扣住聽眾的心弦。外交同仁，遇有相同的題目，不妨事先準備、就地取材，便很容易過關了。

十八 第二外文

據說貓狗不相容。有一位老太太，養了一條狗，一隻貓。狗在客廳時，貓就走到臥房。老太太的廚房食物多多。只要狗在廚房，貓一定在客廳，老鼠便會溜出洞來找食物。

一天，廚房的老鼠聽到狗叫聲，心想：既然狗在，貓一定不在。便溜出洞來找食物。誰知牠一出洞便被貓逮個正著，原來是貓學狗叫，讓老鼠上了當。

老鼠不服氣。牠對貓說：「你為什麼作狗吠呢？」

貓說：「這年頭，不懂幾種語言如何能混飯吃？」

這雖然是一個笑話，但對於從事外交工作的外交官，除了英語之外，若不識得別的文字，工作實在不易。筆者任司長之時，對外語專才是阿拉伯語文的同事說：「一位外交官阿拉伯文再好，若不懂英文或法語，是不容易受到別人重視的。」因此鼓勵他們公餘補習英、法語文。

筆者在泰國任代表之時，有一天帶了本地秘書張象錡君去見泰國外長阿舍・沙拉辛。張君是泰國華人，台灣中興大學畢業。在座的還有一位泰國外交部官員。

我們都用英語交談。張君的英語也不錯。因此，泰外長誤認他也是來自中華民國的外交官。因為我向他介紹時，只說張君是代表處的秘書。

記得那時中泰之間有一個爭執，我國本來開放泰勞來台工作。因為那個爭執，我們暫定進口泰勞。

開始談判之時，泰方態度很強硬。外長和他的同事用泰國語交換意見。意思是說：我國若拒絕泰勞進口，他們外交部將受到朝野各方面的壓力。換句話說：他們似乎不能不低頭。

張君把他們的意思用國語告訴我。於是我理直氣壯的向泰外長說：「只要貴國在這一件事上的看法和我們相當，今天是星期四，我保證星期六以前重新開放泰國勞工朋友到台灣工作。」心想，他這次交涉成功，他在他們政黨裏將大有面子。結果，事情解決了，雙方都很高興。臨辭別之時，張君用道地的泰國語向外長道謝，說「再見」。

阿舍外長頓然一臉泛紅，很不好意思的對筆者說：「你們這位同事原來精通泰語。」

筆者答：「在我們外交部中，一位同事若不能多懂一兩門外國語文，他是很難適應環境的。」

十九 文字遊戲

語言文字，本都是用來表達思想的工具。但任何一種語言，都有它的特點。每種文字，又都有排列的趣味。

例如：我國的迴文詩，便很特別。晉代竇滔的妻子，織錦為迴文詩，寄給她的丈夫，載在史冊。筆者讀高中一年級時曾醉心駢體文。也喜歡迴文詩。而且模仿過：

採花蜂在彩花叢，在彩花叢櫻桃紅
櫻桃紅遍茵濤裏，遍茵濤裡採花蜂

又：

秋江楚雁宿沙洲，雁宿沙洲淺水流。
流水淺洲沙宿雁，洲沙宿雁楚江秋。

英、法、西（班牙）各國文字也有迴文。他們稱之為Palindrome。遠東英漢大字典曾舉一實例：

eye,

Able was I ere I saw Elba.

我們試舉幾個例：

中文如：

人過大佛寺，寺佛大過人

客上天人居，居然天上客

花落明月殘，殘月明落花

英文如：Madam, I'm Adam.

法文如：L'ame des uns jamais n'use de mal.

西文如：Debale arroze a la zorra el abad.

日文如：新聞紙（シンベンシ）

桃の木の桃（モモノキノモモ）。

在約旦，有一天，約旦前交通部次長李法依（G. Rifai）在家中宴客。他的太太是法國人，客人中，有法、西、日人各一對。筆者也應邀參加。飯後閒談起文字遊戲，因為我們都用英語交談，所以都拿英文來出題。

日本朋友說：「什麼時候門不是門？」

答案是：When the door is ajar.（「門半開著」。「門是一個大口瓶」。）

法國人說：「Wife 是說男人的配偶。女性的，當然。但有些 Wife 不但不是男人的配偶，而且是男的。」

答案是：Manmidwife（男助產士）

主人說：「Boy 是指男孩。但也不一定。如 tomboy 便是指女孩。」

西班牙人說：「一句話中最多能用幾個聯結詞？」

筆者說：「我曾聽過一個故事。一個美國人到台北開店，他的店名是 John and Sons. 他請一位油漆匠替他把店名漆在招牌上。漆匠可不懂英文，把三個字全漆在一起，成為 JOHNANDSONS。那位老美真是啼笑皆非。他對譯員說：『Ask him, why he did'nt leave space between "John" and "and", and "and" and "Sons"?』」

一句話中竟有五個 and（連結詞）。

最後，主人講一個笑話結尾。他說：

「在英國倫敦有一位長的奇醜的男子。他已四十左右了，無法追到一個小姐。他為了要滿足對男女談戀愛的好奇心，經常在天黑前散步到海德公園，爬上一棵樹下經常有男女幽會的大樹，躲在樹葉叢中，靜待天色昏暗，男女情侶來到，便可竊窺他們的行動。

「這天，他照例來到公園，爬上大樹。但天氣不好，天才黑，夜霧便悄悄升起，能見度不佳。他正準備下樹放棄竊窺，打馬回府。卻聽到一對男女的腳步聲，走到樹下停住。

「女的先發話，對男的說：『Oh darling, please don't touch me.』」

「過了一兩分鐘，又聽到女的說：『Oh darling, please don't touch.』」

「再過了一兩分鐘，女的又開口了：『Oh darling, please don't!』」

「而後，過了好幾分鐘，才聽到女聲再說話：『Oh darling, please do.』」

「又過了好一會，女的又說話了：『Oh darling, please.』」

「然後，女的又說：「Oh darling, oh darling.』」

「最後，女的似乎不再說話，只發出oh, oh, oh, oh.的聲音。」

主人的話引起了大家的興趣。女的第一句話是完整的句子。而後每說一句話減去一個字，但仍然是一個句子。她和情人在幹什麼呢？樹上那位 peepingtom 可能猜得到。且請讀者們也猜上一猜吧。

二十 牛場信彥的「十幸」

牛場信彥是個十分風趣的日本外交官。他任駐美大使時，華府記者都喜歡訪問他。有一次，一位記者請他用一個字來表達他在華府工作的情況，他說：「Tension.」Tension 是「壓力」的意思。這位記者覺得答的很好，準備離開。牛場把他叫住：「您完全懂我的意思嗎？」

記者說：「當然。」

牛場伸出十根手指，說：「我的意思是 TEN-TIONS。十個 -tion。」

記者問：「Ten what?」

牛場說：「是十個 -tion！」

「那十個？」

牛場說：「第一個 -tion 是 REPRESENTATION。（代表）大使是代表國家、代表政府、代表元首的。第二個 -tion 是 Negotiation（談判），我們日本有任何事要同貴國談判，都是大使的工作。第三個 -tion 是 INVESTIGATION（調查），第四個 -tion 是 Cooperation（合作）。第五個

-tion 是 Contribution（奉獻）。第六個 -tion 是 information（資訊）。第七個 -tion是 Reception（宴會。酒會）。第八個 -tion 是 Participation（參與）。第九個 -tion 是 Protection（保護，保護僑民，保障本國的利益。）第十個 -tion 是 Administration（行政，當然只是指大使館的行政、管理。）所以，全部加起來，正好是 ten-tions，十個 tion。全部工作，都是有壓力的。所以，我也稱之為 tension。」

一場對話，聆聽的記者目瞪口呆，驚訝得說不出話來。

二十一 大使是作什麼的

外孫許肇中唸小學一年級時，有一天，帶了幾位同學來家慶生。他的一個同學問他：「你公公是大使，大使是幹什麼的？」

「大使是幹什麼的？」外孫答不上來。我自己都答不上來。因為，大使的工作，不是一句話或幾個字能涵蓋的。

十七世紀初，英國駐威尼斯大使 Henry Wotton 爵士於參加友人宴會時，在貴賓留念簿上寫道：「An ambassador is an honest man sent to lie abroad for the good of his country.」意為：「大使是一個被派到外國去為祖國的利益而撒謊的誠實人。」

有一些又認為「大使是大謊話家，他甜言蜜語騙你去死你還會迫不及待的急著要去（looking forward to it）。

似乎一般人認為外交官都有一套外交詞令，所謂外交詞令，不過是美麗的謊言。這是不正確的。

筆者常對同事說：一個外交官可以不說真話——國家的機密、談判的底線，豈能說出來？但不可說謊話。因為，世界上沒有拆不穿的謊話。一旦謊話被拆穿，危害可大了。

所謂外交詞令，乃是用較為溫和、較為婉轉的說話，來代替激烈、憤怒的語言。

葉公超先生曾說過：兩方會談，一方的代表言詞激昂，聲音高亢，那便表示他這一方的談判已經失敗了。

都說小姐不說 yes，外交官不說 no。小姐不說 yes 的時代已經過去了。外交官則不是不說 no，而是用婉轉不傷對方感情的方式來表示「不同意」，「辦不到」，或者「不可行」。

有一些外交發言人，在一種情況沒有明朗化、一個政策還沒完全確定前，他是會用不清楚（not clear cut）的字眼來表達意見的。

例如：記者問起一件事，發言人完全不清楚，他可能會說：「這一件事我們正深入了解中。」或者：「我們還沒得到確切的報告。」意思等於是說：他不知道。

曾經有一位外交大使，最喜歡用一些意思不確定的字眼來搪塞記者。例如：也許、可能、或者、未必、差不多等等。有一位記者竟把這位大使經常使用的字眼編成一首打油詩：

我想也許有可能，或者未必差不多。
有時難免不見得，然而但是很難說。

這位大使因駐在國與我斷交，下旗回國。在桃園機場，記者群湧而上，人人發問。他在無可奈何之際，便用這些片語來應付。因為人多嘴雜，根本聽不清楚。只好亂答。

有一個聲音問：「聽說你打夫人。」他隨口說「有時」。「那你們會不會離婚？」他說：「有可能。」另一個記者問：「請問令尊是誰？」他答：「這就很難說了。」其實他根本沒聽清楚對方問的是什麼。

這可能是一個笑話，也可能是「無風不起浪」。總之，可供一笑而已。

二十二 退休大使的出路

民國八十六年六月，筆者由約旦返國退職。公務員退休前，總覺得事情多，壓力大。恨不得早早退休。但退休之初，天天睡到自然醒，終日無所事事，又不免有空虛、寂寞之感。筆者也不能例外。尚幸，筆者好讀書，好弄文墨。退職之初，為「傳記文學」寫了二十幾篇的「想當年」——《外交生涯四十年》，共二十多萬字。又將《唐代傳奇研究》修改之後出第三版。另撰寫了傳奇有關的論文若干篇，幾經修改之後，出版《傳奇研究續集》。將歷年撰寫的短篇小說，結集印行。將歷年旅居非洲的見聞，編成《旅非散記》出版單行本。但有時還是閒得無聊。

有一天筆者往拜見老長官前任外交部長朱撫松先生。閒話中，筆者提起退休初期的空虛感。假如有能勝任的輕鬆工作。筆者寧願去當義工。

朱部長說：「你第一次外放是法語國家不是？」

我答：「是的。是北非的茅利塔尼亞。待了差不多兩年。那還是您當次長的時候。茅國沒有醫院、診所，內人又懷了老二。閻奉璋先生、楚松秋先生和耿修業先生連袂向您請求幫助，讓我們調去一個有醫院的國家。蒙您的德助，您把我調到南斐。」

「後來你又在中美待了幾年？」

「拜楊宿公（楊西崑字宿佛）之賜，我在尼加拉瓜、瓜地馬拉和宏都拉斯一共工作了三年，而後調往約旦。」我答。

朱先生又問：「你大學第二外文修的是什麼？」

我說：「日文。因為當時本省籍同學都操流利的日語。我學了三年日語。」

朱部長打趣我說：「那好。前天我同內人在圓山飯店吃晚餐。經理對我說：他們找不到能懂幾種外語的領班。你能說法語、西班牙語、日語，當然還有英語，我看你若願做義工，到圓山飯店去作 Captain（領班），或者作 Concierge（司閽）那再合適不過了。」

常言說：「百無一用是書生。」想不到退休外交大使倒還有一用呢！

各位退休的大使同仁，不妨考慮一下吧！

二十三

十七歲的醫官——平生奇事之一

「聖賢豪傑，掌握自己的命運。凡夫俗子，為命運所掌喔。」這是明朝袁了凡先生的名言。記得讀高中一年級的時候，父親問我：「將來長大了，打算從事什麼工作？」我說：「我有三個志願。第一志願是到銀行做行員。其次是考進郵局作高級郵務員。第三志願是作新聞記者。」在我們故鄉江西南昌，人都說銀行是金飯碗，郵政是鐵飯碗，而記者是「無冕王」，是自由職業中受人尊敬的行業。父親瞭解我的心意，也贊成我的想法。他老人家笑笑，說：「很好，能完成那一個志願，只有靠你的努力，看你的造化啦。」似乎天老爺不同意，我的三個願望，一個也沒達成。這是民國三十三年初的事。

民國三十三年尾，當時我在廣昌，剛剛唸完遷移到白水鎮的南昌一中高一——我念的是春季班。那正是中日抗戰末期。日軍已知必敗，作垂死前的掙扎，大舉發動攻擊，把我家居住地的南豐給攻陷了。我是住校生，頓時和家失去了聯絡。忽然想起有一個表姐住在黎川，她是從小在我們家長大的，和自己的親姐姐也差不多。於是我從學校逃到黎川，寄居表姊家。表姊夫是軍人，官拜少校之職，適逢設在福建邵武的陸軍衛生勤務訓練所第三分所到黎川來招考軍醫速成班的學生。其實，我才十六歲，虛報了兩歲年紀去應考。居然考上了。

民國三十四年九月，我對日抗戰勝利。軍醫的需求小了，當年十二月底，政府宣告解散我們的訓練機構，訓練終止。雖然同學們只學了一年的前期醫學，卻每人都拿到一張結業證書，分發到部隊中去工作。我們的衛訓三分所改編成軍醫院——南昌陸軍總醫院。我因為考試成績總平均九十六分多，和其他三位幸運的同學被選中，安排在新改編的軍醫院裡任少尉助理員。醫院的院長是我們分所的主任劉經邦先生。各科主任、主治醫師、總醫師、住院醫師，都是我們的教官和助教，是以，我們四個同學可以一邊工作，一邊繼續學習。

醫院全員由邵武坐車到南昌我的故鄉待命。南昌總醫院還未來得及成立，我們又奉令到南京，接受湯山的一間醫院，正名為首都陸海空軍總醫院，開始作業。我被派在內科部工作。其實已是民國三十五年的夏末秋初。我的實際年齡是十七歲，尚未成年。依照法律，連行為能力都沒有，卻擔當起住院醫師的工作！（其他三位，或派在檢驗室任化驗員，或派在護理部任護理工作。）

這時，我們的陸軍衛生勤務訓練所已和陸軍軍醫學校合併，成為國防醫學院。我們的校長林可勝博士受命為第一任院長。在我擔任住院醫師的期間，有兩件事讓我至今難忘：

我們的內科部主任林國華醫師，原是我們的內科教官，主治醫師有好幾位，我的頂頭上司是賈大夫，賈友三，他是偽滿洲帝國大學醫學院畢業的。學驗都非常好。來到台灣後，曾經做過省立澎湖醫院的院長。我所負責的是內科第六病房的六十多個病人。其實，病人並不完全是內科病，有的患有梅毒、淋病，甚至還有傷兵。病房護理長是馮美俐，山東人，一口濟南口音。病房的另一位大夫黃孝寶，是江西人，江西南昌醫專畢業的。

有一天早上，我的一個病人要去開刀房動手術，依規矩，我給他先打一針阿妥平，安定病人的情緒。當時政府窮，醫院更窮。有好些藥水都是醫院藥房主任金文鑫上校親自調製的。阿妥平溶液有兩種：一種是點眼睛的；一種是注射的。前者比後者的濃度高出好幾倍。護士小姐給弄錯了，把點眼睛的藥水拿來給我為病人注射。注射後不幾秒鐘，病人出現瞳孔放大，心跳異常、手足冰冷的徵狀。適逢賈大夫來查房，問我：「怎麼回事？」

在得知病人剛打過阿妥平之後，賈大夫明瞭是病人中毒了，立刻為病人打了一針鴉片，而後，病人才緩緩的恢復原狀。賈大夫沒有罵人，我也不敢責怪護士，或許因為這一次的事件，讓我以後對學醫失去了興趣。

另一件事是：一位感染了破傷風的傷兵，經我悉心為他治療，打特效藥針劑，把他從鬼門關口救了回來。出院之時，這位年近花甲的傷兵居然向我下跪，感謝我救了他一命。我當時的感想是：把病人治好了，真是了不起；若是把病人給治死了，那怎麼辦？壓力實在太大了！民國三十六年初，劉經邦先生調任北平總醫院院長。軍醫學校出身的景凌霸少將繼任院長。楊文達先生任副院長。楊先生協和醫學院畢業。曾任我們的教官、教衛生勤務。

景院長是一位長者，他把我叫到院長室，對我說：「你們一共八位同學派在醫院工作，（另四位是高我們一期的同學。）因為你念衛訓所時，每一門功課都是一百分，只有生理學拿到八十五分。劉院長和內外科主任認為你是可造之材，所以特地把你派在內科部擔任住院醫師的工作，希望你一邊工作，一邊學習。但這是不合乎規定的，你年輕、聰明、用功，應該好好溫習功課，重念大學醫學院，我現在派你到放射科跟石順起主任學X光技術，看片子。工作輕鬆，又可進修。如何？」我真是求之不得，馬上答應了。

記得初到X光科不久，有一天，石主任讓我看一張片子，看完之後，我大吃一驚：「怎麼這個病人兩邊肺都作了人工氣胸？」

石主任說：「作醫生，第一要細心。一個人兩邊都作了人工氣胸哪還能呼吸？哪還能活的成。你先看病人的病例。」

我看病例，原來病人是一位生產不久的婦人，胸部當然因餵奶而漲大，不是人工氣胸！

後來，民國三十八年，我們醫院遷來台灣。我考取了台灣大學，但沒有學醫，改讀政治系。因隻身在台，沒有親友接濟，靠爬格子投稿過生活。記得有一次寫了一首小詩，似乎在孫陵先生所辦月刊中刊出，筆名便用的是「蒙古大夫」。表示沒有忘本吧！

沒有學醫，辜負了景先生的提攜，至今耿耿於懷。

二十四 大地主變窮光蛋——平生奇事之二

我們家從高祖雲峯公發迹。雲峯公清朝誥封光祿大夫（一品）。有子五人。長于潯，號養素，誥封光祿大夫、內閣學士、陝西佈政司使、圖薩太巴圖魯，曾創立並統領江西水師，後統領江軍，襄助曾文正公平定洪楊之亂，每戰必勝，史稱其「強武為江右第一人」。他有一位玄孫女，名劉蘊如，曾任教再興小學，現在台灣。他是筆者四哥的女兒。筆者的曾祖父于澣公，號瀛賓，官居二品。畢生致力河工。祖父秉機公無兄弟，盡孝膝下，不肯之官。父親錫勳公生當清末民初，況是獨子，也謹守產業。不願離鄉背井。

我們家世居南昌縣北坊村，距南昌省域三十公里。五大房全盛之時，由家門到省城，不必經過別人土地。有一位伯父，繼承了三份財產，據說他擁有兩萬多畝田。我們家不過四千餘畝。民國二十六年中日戰爭爆發。二十八年農曆二月，家鄉淪陷，我們一家人十七口，輾轉逃到南域，而南豐，而廣昌、原在南域西街（最熱鬧區）開了一家小型百貨店，一家皮鞋店。兩店相對。一天早晨，我們全家人出城躲警報。傍晚回家，整個西大街被日本轟炸機擊中，不知投了多少顆燒夷彈，半條街被燒燬。我們家的兩個店全成了灰燼。而後，父親改買賣棉花。誰料運棉花的車在謝家灘（不知在何處）遇見一隊土匪，百餘車棉花全數被搶。

不得已的情況下，父親只好賣祖產。我們的田地雖然都在淪陷區，一旦抗戰勝利，土地還是存在的。有些發了財的同鄉，能花很少的錢，購得很多的土地。何樂不為？我們家四千多畝田，民國三十四年抗戰勝利回到老家，只剩下一百八九十畝。至於房產，一共十二進，（一進有如一個四合院），全被燒燬了。只留下四座倉屋。三十八年，大陸變色，我們家土地全歸國有。父親在一貧如洗的情況下苦撐。女兒都結了婚，跟在身邊的還有兩個小兒子。一生榮華富貴的父親，受不了赤貧的煎熬，民國四十三年病逝故鄉！

民國三十二、三年我們家最辛苦的時候，有一位父親的好友，姓伍，名毓瑞（不知這兩個字是否正確），經過南城，見到父親，弄清楚我們家的處境後，送給父親六百石米。我門家才能支撐到抗戰勝利。

這位伍先生有一位後人（不知是子還是孫）在台灣，曾任過不記得是台灣人壽還是產物保險的董事長。

二十五 小領事辦大事——平生奇事之三

一九六〇年代英法在非洲的殖民地紛紛獨立。獨立後，多能與我建立大使級的外交關係。而非洲法語國家大多由陳雄飛先生促成建交。原來陳雲公（雄飛先生字雲階）留學法國多年。非洲法語國家的政要，大都是雲公的同學或校友。雲公的法語文程度又是一流，所以，和那些非洲政要來往，套近乎，事半功倍。其後，若這些國家之中某國與我外交關係發生變化，雲公時為駐比大使，外交部一通電報，雲公即須風塵僕僕，赴該國「滅火」。只可惜，雲公像筆者一樣，只管作事，不管作官。他的功勞都不見了。非親近他的同仁都不知道他的為國宣勞。後人有寫歷史者，翻閱檔卷，便能找出真相。

民國五十三年，筆者在我駐南斐約翰尼斯堡總領事館任副領事。總領事係陳以源先生。五月初，外交部電令總領事館立即和英屬南非三邦——巴斯托蘭、貝川納蘭和史瓦濟蘭——建立聯繫，一俟該三地獨立，我取得先機，可望和三國建交。筆者雖是副領事，卻是館中唯一的一位外交官，是以陳公即責成筆者全權處理。

筆者年輕好交友。有一位經常見面的星期時報記者沙芳吞（W. Serfontein），他和巴斯托蘭若干新興政要有往來。筆者向陳公說：「先請沙君介紹巴國領袖，再由巴國領袖介紹認識其他二國政要。三地領袖來往密切，抓緊一國的領袖，便能和其他二地的領袖取得聯繫。」陳公深表同意，指示我立即進行。

我當即電話沙芳吞君，約他在約堡有名的「三海盜」（Three Vikings）餐館吃午飯。那一頓飯吃了我二十二元四角美金！吃的我好心疼。那時，我一個月的全部薪貼才兩百多一點美元。我們一家人住的公寓月租才五十六美元而已。

過了不到一星期的一天早上，沙君電話告知：「有兩位巴斯托蘭的領導人物剛自西德回來，現在正在約堡。要不要見面？」我一聽之下，非常高興。立即請沙君把他們帶來我們總領事館見面。來的兩位，一位是後來擔任外交部長的查爾斯・莫拉坡氏（Charles D. Molapo），另一位是後來任參議員的乃特特酋長（Chief Letete）。

他們三人先到我辦公室，彼此見面，略事寒暄之後，我即帶領他們到陳總領事的辦公室。陳公態度誠懇和藹，和他們一見如故，談的很投機。中午，我們全體到總領事官邸用餐。飯後，我開我那輛只有兩門的福特Anglia送他們到飛機場轉搭小飛機回馬色路——巴斯托蘭的京城。

經由莫拉坡氏的介紹，我們認識了史瓦濟蘭的唔西比醫生（Dr. George Msibi）和他在約堡經商的兄弟彼得。還有史瓦濟蘭國王派駐約堡西南市（Soweto）的代表大偉・唔哥錫（David Ngosi）。又經由史瓦濟蘭的西蒙・顧馬洛（Simon Nxumalo）介紹，認識了貝川納蘭的一位教師馬錫瑞（Q. K. J. Masire）。就這樣我們和三個保護地都取得了聯繫的管道。唔西比醫生後來出任史瓦濟蘭王國的財政部長。馬錫瑞在貝川納蘭獨立為波札那共和國（Republic of Botswana）後，先擔任財政部長，再任副總統，最後任總統。

經由莫拉坡氏的介紹，我陪同陳總領事訪問了巴斯托蘭。除了首都馬色路之外，我們還去了羅馬谷、馬路地山等處。主要當然是拜會約拿旦總理（Chief Lebua Jonathon）。又認識了副總理馬色立本（Chief Maseriban）和司法部長魄帝魄帝（Chief Peti Peti）等許多高領導階層，大家都成了好朋友。自那次訪問之後，我時常去馬色路，前後二十餘次之多。每一次去，總是見約拿旦總理。我把汽車停在總理府門口，一敲門，便進總理辦公室。總理府女秘書華克太太，英國人。她知道我和總理的關係。有時我帶一樣台灣小禮物給她，她會笑的合不攏嘴。

民國五十五年十月，巴斯托蘭獨立而成為賴索托（Lesotho）王國，我陪同我外交部次長楊西崑到馬色路慶典。第一天，白天是慶典，晚上是大舞會（State Ball）。第二天一早，我陪同楊次長見乃布亞總理。

談話不到十分鐘，我從公文包裡拿出事先打好字的中賴建交公報，一式兩份，連鋼筆一同遞給乃布亞總理。建交公報是筆者事先跑了三趟巴斯托蘭呈請乃布亞總理批准的。所以，他根本沒有詳看便簽了名。雙方外交關係便由此建立。我首任駐賴索托——巴蘇托蘭獨立後更名為賴索托王國——大使關鏞先生經約堡赴任，筆者有幸陪同關大使前往賴京，並為他介紹有關政要。

貝川納蘭民國五十五年九月三十日獨立為波札那共和國，筆者陪同我慶賀特使往賀。其後筆者又跑了幾趟波京——嘉柏隆里，和波外次莫槐（A. Mogwe）交涉，終於也建了交。我首任駐波大使濮德玠先生不久經約堡赴任，同樣由筆者陪同前往，把他介紹給波國有關官員。

陳總領事了解我兩年來的努力——開自己的汽車，每地都來回二十多趟，且從沒報過一次出差費——包括內人時常要作飯菜給三保護地經約堡出國的政要吃。（因為南斐是歧視人種的國家，黑人不可進白人餐館。）陳公力保將我提升為領事，但部方認為我資歷不足，只給我加一個領事銜。而在加銜之前，還把原駐教廷大使館任二等秘書的陳敏中兄調任駐約保館領事。這麼一來，原為首席館員的我，反而成為普通館員了。或為我抱屈。我本未做任何要求，只一笑置之。

民國五十七年史瓦濟蘭也獨立為王國，也和我們建了外交關係。我於五十七年底調部辦事。筆者以一個副領事身分，到賴索托，敲門便見總理約拿旦。和他們的外交部長、司法部長、總理府秘書長稱兄道弟，和史瓦濟蘭總理馬可西尼。大米里親王、部長喬治·墨西比、西門顧馬洛。副總理蘇卡迪等，交情也都不錯。甚至國王都把我視同上賓。和波札那副總統 Q. K. J. 馬錫瑞、外長恩瓦哥、外次莫槐也都是布衣之交。這實在是一個奇蹟。當時，筆者一心一意只希望把事情辦妥，自己出錢出力，從未要求外交部多撥一分錢。但三地獨立後，都與我國建立了邦交。雖然功勞全記到別人身上去了，我還是覺得很高興。

二十六 奇人王湧源

時常有友人問起：「貴部人才濟濟，哪一位的英文最好？」

筆者常開玩笑答：「部長。因為，科員擬的英文稿科長要改，司長再改，次長還要改，到部長那兒，部長最後改定，所以說：部長英文最好！」

這當然不對，因為部長的英文稿，還有一位仁兄會改，這位仁兄，不但官卑職小，甚至沒唸過大學，連高中都沒上過，他是奇人王湧源。在華府，人都稱他外外王（Y. Y. Wong。全名應是Yung-yuan Wong。）

外外是安徽人，光緒三十四年正月初七（一九〇八年二月八日）出生於安徽和縣。父親係米商，經常自和縣販米到上海出售。又在家鄉設有錢莊，以濟鄉人之緩急。外外小時入教會讀書，便對英語文發生了莫大的興趣。某日，一位美國牧師來校視察，校方挑選外外朗誦英文一章，顯示學校英語教學的成績，外外深得美牧師之稱許，使他對英語文之興趣大增。他曾於小學畢業後報考設於南京的江蘇省立一中，僅名列備取，父親帶他去上海，讓他就讀私立澄衷中學。在校中，外外的英語文成績特別突出。一次有位洋教授到校演說，校方竟派外外為傳譯。那位洋人頗不以為然，誰知外外大著膽子口譯，讓那位洋人大為欣賞，大為驚奇，刮目相看。

在上海市商會工作的謝福生只要有英美人士到上海演說，都是由他同步口譯。在英文教學方面甚有名氣。外外受他的教益最多。謝老師教他讀英文的祕訣是：「多讀英文，少看文法。」所以，後來外外已大大出名了，有人向他討教英文文法。他說：「我根本不懂文法！」

外外初中畢業後沒再上學。他進入上海青年會工作。青年會總幹事陳力廷係美國耶魯大學畢業生，和顧維鈞很熟。由於陳力廷的介紹，外外也認識了顧維鈞。

外外在青年會做了不久，陳力廷介紹他去一間美國人辦的書局工作。美國老闆發現外外非常熱衷研讀英文，送給他一本速記入門。外外乃每天練習。由入門、而中級、而高級速記。後來，他的英文打字、英文速記和英文文牘竟成了他謀生的工具。

民國二十一年三月，國聯派李頓（George R. Lytion）調查團來中國調查民國二十年九月十八日日寇侵略我東三省事，外交部長顧維鈞要陳力廷介紹一位英文打字員協助，陳力廷即推介外外王。調查團結束後，顧維鈞奉派為駐巴黎大使館大使待遇公使，外外王由顧公使保薦為主事，二十一年十二月底到巴黎供職。其時館中二祕傅冠雄為顧掌理中文文稿，外外為顧掌理英文文稿。

顧維鈞民國三十年調任駐英大使，傅、王兩人隨到倫敦。這時，外外王開始從泰晤士報勤研英文。對於報中精彩文章，直是讀了又讀，背了又背，不忍釋手。

二次世界大戰期間，蔣中正率團訪問尚屬英殖民地的印度，暗中鼓勵印度於戰後獨立。英相邱吉爾甚為不滿，約見顧大使，雙方辯論激烈，邱吉爾以大國自居，語言態度，氣勢凌人。談話完畢，邱吉爾請顧維鈞予以記錄並於呈給中國政府前，讓他先看一下談話紀錄草稿。

回到大使館，顧維鈞口述，外外紀錄。由於邱吉爾語氣激憤，外外特作成兩份記錄，一份照原來邱氏語氣撰寫，留供顧氏參攷。一份語氣和緩，於顧氏再晤見邱吉爾時面致。

邱吉爾看了外外的「談話紀錄」後大為欣賞，認為用詞優美，紀錄正確。只改了兩三個字。顧維鈞將邱吉爾一再讚美的話告訴外外。外外將此事引為畢生的殊榮。

顧維鈞後來出使美國，外外也全家搬到華府定居。大使換了一個又一個，外外卻緊守崗位，辦理英文稿件。

葉公超部長民國四十七年八月抵華府任大使。對外外的稿件，很少改動。有時用詞方面意見不同時，葉公必和外外再三商定。若外外對葉公的文稿有意見，則先提出自己的意見。若改動的好，葉公還會說：「外外，你這句話是哪本書中偷來的？真是神來之筆。」外外常誇讚「葉大使有大臣的風範。」

蔣廷黻任大使時，外外係大使館二等秘書。外交部認外外在外館任事已三十年之久，早該調部辦事。但蔣大使不能沒有他，因此建議：外外先辭職，大使館再聘僱他，以專員（Technical Assistant）名義向美國務院登記。外交部批准了。外外乃得在駐美大使館一直作下去，直到一九九六年十月二十七日病逝華府。享年幾達九十歲。

據外外對歷史學家周谷稱：「老顧（指顧維鈞）的英文不行，不如劉鍇多矣！」又說：「沈劍虹的英文很普通，是新聞英文，不是外交英文。」

夏功權上校受任為中美斷交後首任駐美代表。他好改文稿。外外說：「他常把我的英文稿改的面目全非！」

外外教人讀英文的訣竅：第一，多讀文章，少管文法。第二，多讀英國名家專著，美國人的英文水準尚嫌不足。第三，英國泰晤士報的社論精短有力，要深讀。第四，報紙上的報導都是新聞記者匆匆忙忙湊出來的，只可拿來做參考。有時還可拿來作批改的對象。」

註：本文一部份資料採自周谷兄的「外交祕聞」，一部份由曾駐美的同仁面告。

二十七　泰北難民

作者年逾八旬，感情脆弱，每提起「泰北難民」，常是一陣心酸，而後，眼淚不自主的流下。他們不是「難」民，是「義」民。他們原都是英勇的國軍，懷著忠貞愛國的情操，堅持義不帝秦的原則，拋頭顱、灑熱血，孤軍奮戰，輾轉棲身在泰北幾處高山上。為了爭取居留異國，多次流血流汗，為泰國守護邊疆，勦滅泰共。終於獲得泰國政府的肯定，給予歸化和居留的權利。

筆者任駐泰代表期間，曾兩度乘坐直昇機，到他們居留地探視、慰問。拜訪過甫景雲將軍、李文煥將軍、雷雨田將軍和陳茂修將軍，向他們致敬。甫景雲將軍原為雲南反共志願軍二軍軍長，李文煥將軍為三軍軍長，年老多病，由大小姐協助處理一應事務。五軍軍長原為段希文將軍。段將軍積勞成瘁，壯志未伸，逝世於美斯樂，由參謀長雷雨田將軍繼任。筆者訪問美斯樂時曾特別到段將軍墓前祭弔。

為爭取居停異域，他們曾為泰國守護邊疆、肅清泰共，打過很多次仗。最慘烈的是一九八一年二月協助泰軍征勦考牙山泰共基地一役。當時，三軍和五軍各派出弟兄兩百人，組成志願隊，由陳茂修將軍任總指揮，楊國光任副總指揮，進軍至碧差汶省前線，配合泰國第三軍作戰。泰共在泰國中部碧差汶省隆塞縣的高山中盤據了十八年之久。擁有兵力約二千五百人。泰軍攻打了九年，傷亡頗重，卻仍然無法動搖敵方。他們了解雲南反共志願軍的歷年英勇作戰事蹟，因此想借助志願軍，一舉把泰共殲滅。

聽曾參與那次戰役的一位老軍人說：「那是一九八一年二月初，我們四百人中，年小的才十四歲，年高的已六十八歲，人人面黃肌瘦，衣衫不全。看他們泰國主攻的黑豹軍，軍服光鮮，配備精良，相形之下，只覺得志願軍像一群叫花子。但在陳茂修將軍的英明領導之下，士氣十分高昂。」

泰軍指揮官要將志願軍分成五路，掃蕩泰共據點。經驗豐富的陳茂修將軍則認為：四百人分成五路，每一路兵力太過薄弱。他先觀察地形，蒐集敵軍情報，經仔細研判之後，再與泰方副指揮官披集准將溝通，重新擬訂進攻計劃：由泰軍從正面佯攻，牽制敵軍主力。志願軍分兩隊，由側面與背面冒險攀登陡崖，予以奇襲。三面夾攻，定然一舉大獲全勝，殲滅敵軍。

三月四日清晨，泰軍自正面向敵軍發動攻勢，志願軍則冒險攀登峭壁，依靠叢林和亂石的掩護，拼力仰攻。經過三天三夜的血戰，終於攻上了一千二百公尺的高山。三月八日拂曉展開奇襲，配合泰軍的行動，一舉攻下了泰共在考牙山上的基地。這一仗打下來，泰軍方面雖說是大獲全勝，一舉殲滅了泰共，志願軍方面，卻陣亡了二十六人，受傷的有五十六人。而這場生死戰，也感動了泰國政府。一行傷患後送到曼谷醫院醫治，泰王和王后親臨醫院慰問。泰政府終於同意：凡參加戰役的志願軍和家屬，都准入泰國國籍。其餘難胞也獲得居留證，准許居留泰國。報章對志願軍的英勇事蹟，都以頭條新聞，大幅報導。

民國七十八年十二月十七日，筆者偕內人，秘書組長王維傑夫婦、僑務專員林宴文先生和代表處秘書莫藍玉小姐，由難民工作團龔承業團長陪同，乘坐向泰軍方借來的直昇機，第一次到泰北訪問散佈在各高山上的難民村。分發救濟金，分贈食米。同時和他們的領導階層會談，詢問他們的願望，了解他們的需要，和政府所能提供的協助。

筆者印象最深刻的是雷雨田將軍一手經營的美斯樂。他領導部下，胼手胝足，把高山上的一片不毛之地，經營成一個可以自給自足的觀光勝地。種植花草樹木，興建亭臺樓閣，包括段希文將軍的墓園，還有旅館、餐廳，一應俱全。一年四季，遊客不斷。能治軍的人也能治民，自古已然。雷將軍便是一個實例。我們也訪問了熱水塘、老象塘、滿堂、大谷地等村，向這些英勇的難胞致敬。還特地分別拜會了清萊府尹曼幸沙納仙先生和陸軍第三二七指揮部指揮官蘇塔准將，感謝他們對我難胞的照顧，並請他們繼續盡可能的照顧這一些曾為泰國北疆的安定效力的勇士們。

當時，各難民村都還貧窮，學校缺乏師資、傷殘需要養護。代表處有關各組同仁齊心合力，為他們爭取更多的福利、援助，包括戰士授田。龔團長告訴筆者說：有一位老軍人，拿到政府戰士授田的代金，滿臉淚水的向龔團長說，他從沒看到過這麼多的錢。他當著龔團長面，朝台灣的方向下拜，表示對政府的感激。

糗事

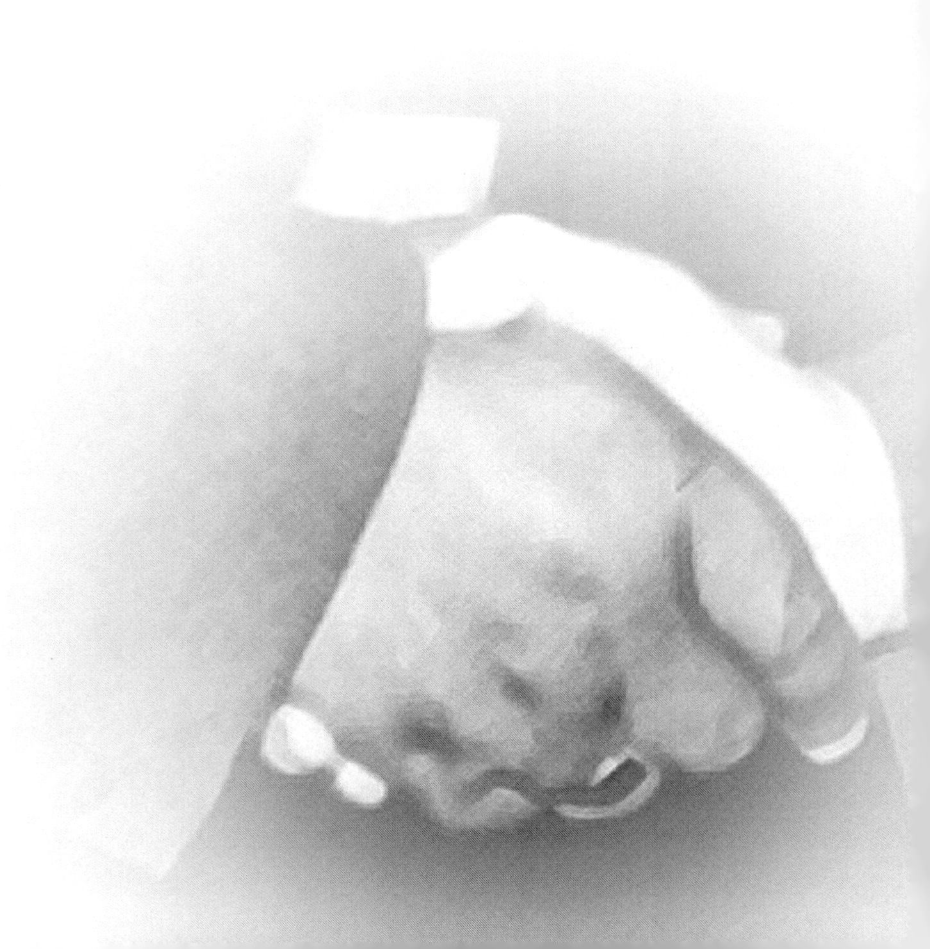

一 算術吃癟記

算術是一門非常令人著迷的學問。據說八卦便是一門高深的數學，而「周髀」、「算經」之類，是我國古時的數學經典，可惜都沒流傳下來！

小孫女讀初小，從1234起，學算術，她回家問我：「爺爺，為什麼我們做算術要用阿拉伯數字呢？我們中國沒有數字嗎？」

我告訴她：

我們當然有數字，我們有小寫的〇一二三四五六七八九，我們有大寫的零壹貳參肆伍陸柒捌玖，我們也有橫寫的譬如，18540，用我們的數字寫是。〡〨〥〤〇。

我們日常用的0123456789，其實不是阿拉伯數字，是印度數字。筆者在中東住過八年，阿拉伯數字由零到玖是：٠١٢٣٤٥٦٧٨٩。

18540，阿拉伯人寫成：١٨٥٤٠。

我們都用十進位。但高盧人（法國人）用六進位。他們沒有七十、八十和九十。七十是「六十加十」。八十是「四個二十」。九十是四個二十加十。雖說不方便，但他們至今還在用。

筆者讀小學、中學，算術成績一向不惡。無論是代數、三角、還是幾何，考試的成績常拿滿分。先曾祖父在清代便以數學超群，做過兩任縣官後，皇帝派他辦理河防工程。他老人家還著了好些有關數學的書。什麼勾、股、弦之類。我完全看不懂，後來中日抗戰時，這些書全燬於戰難。

小女劉敏，曾讀過兩年北市一女中，筆者奉派至駐南斐大使館任參事，她隨同我到斐京，就讀 Loreta Convent 高三。年度全南斐高中數學比賽〈Olympia〉，在參加比賽的二千多人中，竟名列第二，拿了個銀牌獎。南斐英、斐文報紙，都有刊出新聞、照片。新聞中還特別說明：她是中華民國駐南斐大使館劉某的掌上明珠。斐外交部官員、南斐華僑、大使館同仁，交相致賀。筆者也甚為得意，說數學好是我們家的「遺傳因素」。

想不到，筆者居然在一個小學生都會作的算術題上，被一位非洲朋友給難住了，吃了癟。有一天，一位自稱是衣索披亞猶太人的商人來到大使館，指名「找劉參事，請教一個算術問題。」筆者未便拒絕。秘書領他到我辦公室見面。

寒暄之後，這位黑猶太人說出了他的問題。他說：他的祖先以牧羊販羊為業。一天，一位英國商人向他的曾祖父買十七頭羊——這當然是很久以前的事——言明每頭羊卅五英鎊，全部貨款是多少。

筆者正奇怪這位仁兄怎麼會問這種小學生全會作的問題，但還是耐心的把十七乘三十五，列式算給他看。

35
17
———
245
35
———
595

我告訴他說：「十七頭羊，每頭羊三十五英鎊，共五百九十五英鎊。」

他笑笑說：「答案是對了，但算法不對！」

我再告訴他：「我們小學中教建構數學。一頭羊三十五鎊。十七頭羊，只要把三十五加十七次，便可得到答案。」

他笑笑說：「假如不是十七頭羊，是一萬七千頭呢？難道要將三十五加個壹萬柒千次？可能三天也加不完！」

於是我問他：「你怎麼個算法？」

這位仁兄說：「在古時，生活簡單，牛羊買賣數目都不大。我們的算法也簡單，只是：加倍，即乘二，和減半，即除二。餘數不計。我們把羊的數目十七放在左邊，減半成八，餘一，不計。八減半為四。四減半為二。二減半為一。而後三十五放在右邊。三十五加倍是七十。七十加倍是一百四十。一百四十加倍是二百八十。二百八十加倍是五百六十。左邊除了四次。右邊乘了四次。」

於是他把算式列出來：

17	35
8	70
4	140
2	280
1	560

「然後，」他繼續說：「左邊的雙數是不吉利的，我們要把它給劃掉。右邊相對的數目，也一併取銷。我們得出的算式是：

17	35
~~8~~	~~70~~
~~4~~	~~140~~
~~2~~	~~280~~
1	560
	595

而後把右邊餘下的數目加起來，是五百九十五。也就是說：十七頭羊，每頭羊三十五英鎊，共五百九十五英鎊！」

他再洋洋得意的補了一句：「正確吧？」

我哪能說「不」。

「你認為我們的算法如何？」他再咄咄逼人的問。

我可答不上來。

他趾高企氣傲的走了。我愣在當地。實在想不出他的算法為什麼和我們一樣的準確。

事後，我請教了幾位高中數學老師：這種算法究竟是怎麼回事？我甚至請教過一位數學博士。他們都未能給我解答。

讀者諸君，您能為我解答嗎？

二 同音字之累

中美有邦交的時候，美國派在駐華大使館的館員，有好一些是中國通。筆者在部裏任禮賓司科員時，美駐華大使館有一位中文叫蒲熙的三等秘書，不但國語流利，發音正確，還能自由運用我們的成語，閱讀我們的報紙，經常來部裏洽公。

有一天，聯合報刊出萬華警察大捕流鶯的新聞。這位蒲熙先生來禮賓司洽公。他打趣筆者說：「警察為什麼要抓流鶯？難道流鶯都壞，沒有一個好的？」（筆者名「劉瑛」，音同字不同。）

筆者用英語回答他說：「No, not with bad price, no.」（「沒有。價錢太壞，沒有好的。」也可譯成：「同壞PRICE一起，沒有好的。」蒲熙的英文姓名是：H. Price。）

比起美國大使館，日本大使館的中國通有過之而無不及。有一位名駒正春的三等秘書，他在我國東北出生，東北長大。一口東北口音的國語，字正腔圓。

日本大使館一等秘書廣長敬太郎，請我們交際科長陳家博吃飯。家博知道我認識幾個日文字，要我陪客，並再找一位精通日文的同事一起去赴宴。我於是找了庶務科長柯振華兄同行。他是東京帝大畢業的。當時，公務員是可以上酒家的。於是主人方面三人，我們方面三人，六個人上「白百合」吃晚飯，駒正春也是主人之一。酒家中也派了六位小姐作陪。那時，我剛剛結婚，生怕小姐們的脂粉香會沾上我的衣裳，所以請她們坐的遠遠的。陳科長當先起鬨，說我「怕老婆」。於是那幾位小姐都拼命靠近我，把我給弄得狼狽不堪。酒家女都要轉檯的。媽媽桑走進來，叫了四位小姐到一邊，低聲商量些什麼。

駒先生說：「她們又在作『無雞之談』呢！」

媽媽桑故意一皺眉頭。

我說：「妳們研討會少了駒先生，駒先生吃醋呢！他認為你們不可作『無駒之談』。也就是說：沒有駒先生參與的商談。」

我旁邊那位小姐說：「你解釋得很好。」

正好侍者送來一盤宮保雞丁。我挾了一片吃。說：「我這是『見機（雞）而作』。」

三　送往迎來

服務外交部四十年間，筆者有六年是在禮賓司工作。

筆者進部任科員，便在禮賓司。任科長時，有一位分配在地域司（政務司）的同學，他自以為得意，擔任政務方面的工作。他開玩笑說：「禮，就是接待以禮。賓，就是客人。換句話說：禮賓司，可簡稱之為『接客司』。你們最重要的工作便是接待客人。不管對方是元首、首相、部長、甚或更低層次的外賓，來我們這兒『作客』，你們都要笑臉相迎，以禮接待。不是嗎？」

這位仁兄說話雖然刻薄了一點。實際上，禮賓司的工作確實大部份和接待賓客有關。禮賓司所處理的，通常都是些「小事」。但不能有絲毫差錯，否則，「小事」便會變成「大事」。

有友邦的元首來訪，那可是一件大事。準備日程，與各有關單位連絡，安排軍禮、調度車輛、草擬國宴賓客名單、編寫接待手冊等等，全部要花上一個月左右。外賓到臨的當天，全體工作人員都必須先赴機場。若座車不夠分配，大禮車也可坐。只是；大禮車最好不要坐後座，除非座位不足。若是車前掛上了國旗，則後座絕不可坐。通常科員們都是擠工作車，科長坐大禮車。招搖過市，好不威風。

軍禮送、迎之外，國宴是重頭戲。老總統蔣公時，國宴的陪客是不可以遲到的。時間一到，宴會廳的門全都關上了，靜候總統和來訪的元首蒞臨。遲到的客人不許進入。國宴的位子，每人約佔一公尺左右。時間到了，尚差兩三位來賓，空出來的席位，很不好看。我們這些接待人員，早有幾位都穿好晚禮服，餐廳門一關，我們趕緊找空位，一一補上。這種行動，我稱之為「遇缺即補」。但有一位同仁說：「冒充高官來賓坐他們的高席位，四周都是院長、部長、最低也是次長級的官員。一個科員坐在那裏，要非禮勿視，非禮勿動。更不可大聲喝湯，不可讓刀叉發出碰撞聲。真是衰極了。坐在那兒，簡直就像是在「坐牢」，幾個鐘頭的有期徒刑！」

古有「階下囚」的說法。他認為「遇缺即補」者可稱之為「座上囚」！所以，接待人員最恨吃國宴。因為：只要國宴一開始，我們這些接待人員，另闢一室，吃「小國宴」。菜色和國宴的完全相同。大家可鬧酒，可大聲喧嘩。豈不快樂多了？誰高興去做「座上囚」呢？

說起名詞，筆者還另外發明了一個名詞：

一次越南一位財經大員來訪。晚宴之後，他要求到北投泡湯。司長令筆者和外事警官楊靖兄陪同前往。到了ＸＸ湯大旅社，服務生為這位貴賓叫來兩位小姐。貴賓選了一位，而後關上房門辦公去了。我和楊靖兄被關在門外。我們在旅館的ＬＯＢＢＹ叫了兩杯咖啡一邊喝，一邊慢慢等候。一直等到此公開門出來，我們才一起離開。這種苦差事，我命之為「作門外漢」。

同年高考的年兄孫希中，吟詩填詞，頗有名氣。他得悉我們禮賓司這些故事後，特地撰了一聯相贈：

作門外漢，為座上囚，何其衰也。
坐大禮車，吃小國宴，不亦樂乎。
筆者問：「那橫批呢？」
他笑笑說：「送往迎來。」

四　申斥

筆者離開駐泰代表處接任約旦代表不久，一位曾於我作司長時的科員，派在駐泰代表處工作，因事被迫辭職。他對其他同事說：「假如劉代表仍在泰國，他絕不至於受到這麼嚴厲的處分！待人以寬是我的原則。葉公超先生不給一位犯錯的同事記過，只是罵了一頓，因為他認為：「記過、申斥，會給受處罰的人一輩子背著那個污點。」但犯的錯、犯的過太大，筆者也不認為可以姑息了事。

話說民國五十八年，筆者時任禮賓司典禮科長。

依照慣例，任何有邦交國家的國慶日，我方由禮賓司以我總統的名義草擬賀電，發由我駐該國的大使館，轉致駐在國的元首。除了英文外，筆者只略通日、法兩國文字。通常科員草擬的英、法、日文賀電，筆者都詳細研、核。但若是西班牙文的電稿，筆者從未學過西文，無從審核。只能就所知英、法文，略略瞭解電文的涵義。科員也不一定懂西文，但聰明的科員，經常能把卷裡的西文電稿，改頭換面，擬出煞有介事的電稿來。筆者能做的，只是簽一個字，轉請地域司會簽、審核。

民國五十九年西班牙國慶，科員依樣畫葫蘆，擬了一份西班牙文賀電稿呈上來。筆者勉強看懂了電文的內容，於是簽了字，呈給副司長，副司長也不懂西文，隨即簽了字，呈給司長。送到歐洲司會簽。

電稿到了地域司，也是從承辦科員起，而主管科科長、副司長、司長。全部會簽了，才送到主管次長、部長。部次長核可之後，才交由電務單位拍發。

主管司一般說起來都是精通所主管地區語文的，像中南美司的西班牙文，亞西司的俄文、阿拉伯文、土耳其文和波斯文，亞太司的日文、韓文、泰文，乃至於馬來文等。歐洲司的西班牙文和法文都是一流的。只可惜大家只注意到電文的內容，卻把受電國的國名給忽略了！這次我們賀西班牙國慶的電文，內容不錯，國名有誤。電報傳到我駐西班牙大使館，大使薛毓麒先生，頭腦清晰，處事週到，發現錯誤，立即將電文加上說明給退了回來。

部長周書楷先生，向以嚴厲出名，看完駐館電報，一時怒不可遏。命令下來，凡是在電文稿上簽名的同仁，一律申斥一次。

這一次事件後，每一位參與的同仁，他的人事資料上便加上了「申斥一次」的紀錄。筆者當然也是一樣。每次翻閱自己四十年來的任官紀錄，不管作了多少好事，這一個污點是永遠抹不掉了。心中便不免懊悔不已！

五 本性難改

筆者從小粗心。還有就是動作笨拙，經常打破杯子打破碗。小時也不知挨過多少打、多少罵，可這個本性就是改不過來。

在學校讀書的時候，每次考試，筆者手腳快，總是第一個交卷。假如能在試卷答完後再仔細檢查一遍，相信分數能多得一些。不知為什麼，我就是懶得再做檢查。

初到外交部報到，筆者被派在護照科承辦外交護照和公務護照。此外，還要辦外人簽證和國人再出國加簽。實在是忙，還好，我自幼養成手快腳快的習慣，忙是忙得過來，可出錯也是免不了的。科長兼幫辦宋昇平先生是一位長者，很能體諒部下。對筆者經常出錯尚能容忍。從未疾言厲色過。

那時辦理普通護照的，先是台大同班同學廖運和兄，其後是台大高一班的學長後來任台北市長、內政部長的張豐緒兄。總而言之，所有的護照只有兩個人辦。現在領事事務局的同仁都快三百了。由此可以想見當時由兩位同仁承辦護照業務是多麼的忙吧。

民國四十年代，很少人出國。但空軍赴美受訓，高級將領出國參訪，僑委會協助華僑進出，救國團為來華參與活動的僑生辦再出國加簽，美軍顧問團人員的簽證，卻也有時讓我忙得不可開交，有時，國防部的蔣紫龍中校，僑委會黃功鉉和劉振華，空軍的陳甘棠上尉，救國團的陳國鈞，經常被我抓差，到我們地下室的飯廳為我幫忙。

例如：僑生來台參加救國團活動的人數常超過百人。他們都持用中華民國護照。回僑居地之前，護照必須拿到外交部來辦理再出國加簽。我要陳國鈞把護照每一本打開空白的一頁，而我一一蓋上再出國章，他再替我填上當天的日期，之後，集中護照，呈給幫辦簽字。

手腳快當然有好處，有時卻快過了頭。記得陳副總辭修的公子陳履安要赴美讀中學，陳履安的護照申請表送來，次長立即批准，而且要我們發給外交護照。批文一到，我幾分鐘便把外交護照辦好了，幫辦也簽了字。外交部派專人把護照送到行政院。（當時陳誠副總統兼行政院長）。陳辭公看了竟大發雷霆，立即將護照退回外交部。他堅持兒子是去美國讀書，應該發給普通護照。外交部只好照辦。普通護照是另一位科員承辦，可不干我的事了。陳辭公堅持兒子出國讀書應依規定辦普通護照，大家都認為貴為副總統卻拒絕享受特權，值得欽佩。

六 近墨者黑

初次外放非洲，經由巴黎赴任。我和內人商量好：在到任——駐茅利塔尼亞大使館助理三等秘書——之前，好好享受一下花都的生活。我們在巴黎住了整整兩個星期。

巴黎的繁華，不在話下。我們一家三口，逛了好幾家百貨公司，參觀了羅浮宮、凡爾賽宮、蠟人館等。還到紅磨坊看表演。

而後，我們兩口子帶著才四個月大的女兒，坐飛機先到塞內加爾首府達卡，再轉小飛機到茅京諾克少。

諾克少的機場只有一條跑道。沒有任何建築物。飛機抵達時，有一輛西德福斯公司製的Combi車，上面漆有法航（Air France）兩個字。那就是法航的「辦公室」。

我們住的是國民住宅，有一間臥室、一間客廳和一間廚房。浴廁在另一邊。還有一個滿大的院子。只是院子裡只有沙，沒有土，所以沒有任何植物。

茅國總人口多少已記不清了。當時原是漁村的首都諾克少才有八百五十十人。外國使館，最早只有一個派有大使的法國大使館。而後美國設了大使館，派了一位一秘代辦。我們是第三個大使館。也只有兩人：參事代辦定中明和我。

北非像阿爾及利亞、突尼西亞、利比亞、摩洛哥諸國，都是阿拉伯人。茅國緊鄰摩洛哥，百分之八十五的人口是阿拉伯人。百分之十五是烏魯伏人。阿拉伯人是白人。但因位處於非洲，他們的膚色較白人要深一些。烏魯伏人則是非常黑的民族。黑得像木炭。諾克少沒有路燈，晚上走夜路，若是對面走來一個烏魯伏人，根本無法發覺。但若他張嘴說話，那口又白又發亮的牙齒，真叫人羨慕。

我們初到之時，皮膚較白。當地人常問：「你們是法國人嗎？」過了幾個月，北非沙哈拉沙漠裏的烈日把我們的皮膚曬得黑了些，於是土人問我們：「你們是阿拉伯人嗎？」

我向內人說：「我們不能待太久。要是住上個三五年，茅人會問我們：「你們是不是烏魯伏人？」

二十個月後，我調到南斐。我們全家到了南斐約翰尼斯堡。一天，我到法國新聞處，希望參加他們舉辦的法文補習班。那位註冊老太太說：「劉先生，你怎麼說一口非洲法語？」我在茅利塔尼亞學的、講的，都是當地的法語。近墨者黑，說話時免不了帶點非洲法語的味道。

約堡老一輩的華僑，只會說他們的廣東話——南海順德話。他們不懂英語，也不會國語。為了要和他們溝通，我和內人在約堡六年，學的是南順話。講的是南順話。六年後調回國內，廣東同事都說：「你們怎麼說一口南順土話呢？」近朱者赤，誰叫我們的「老師」都是南順人呢！

七　不會作官的悲哀

筆者在民國七十八年到泰國任代表，正值國人赴泰投資熱潮。七十九年，泰國政府宣佈公務員加薪百分之二十。國人到泰國投資設廠，亟需會操國、泰、英三種語言的人才。有極少數的不肖商人，便以高薪把代表處的僱員給挖走。基於上述兩種壓力，代表處不能不為僱員們調薪。

前任代表沈克勤兄在任時，代表處經費百分之六十為處中公費，百分之四十是處中三十餘位僱員的薪水。為了能讓本地同事安心工作，不為外人挖走，筆者於處務會議中提議：「除加強同仁福利外，每位雇員月薪增加百分之三十。」結果決議通過。

如此一來，處中經費，百分之六十為雇員薪水，能動用的公款只有百分之四十了。而泰國又開始實行貨物稅，每買一件物品，原定價十元，加上百分之十的貨物稅（Sale tax），要付十一元。使處中經費無形中又損失了近百分之四十的百分之十。

但七十九年部方為外館調整經費，部方有長官不滿意本處的作法，說了一些難聽的話。經費一文不增。處中會計小姐要打長途電話回部中會計處力爭。筆者說：「這不能怪部內長官，應該怪我沒有把事情辦得圓滿。我們若事先將來龍去脈呈部，請准加僱員薪，且不必部中另撥經費，事情可能不一樣。所以，要怪，只能怪我思慮不週。況且經費還勉強可支應。若不足，小貼一點也無所謂。若是貼不起了，我還可辭職呢！」

筆者總以為：「將在外，君命有所不受。」但這種想法是錯誤的。

雖然，我卻保住了處中的僱員。三十多人中，只有兩名僱員跳槽而去。其中一名原投入一家建築公司，後再跳槽到一家金融公司。另一名僱員想再回處，我未予同意。

在泰國時，有一位高階官員訪泰，其人貪財好色，筆者未能投其所好，刻意接待。他返回台灣，向部內長官狠狠的告了筆者一狀，說劉某在泰國大撈錢。不久，筆者返國述職，向部長錢君復博士說：「不需任何證據，只要有人能說出劉代表如何可以撈到錢，我立即辭職回國，而且放棄退休金。」結果，筆者由簡任十四職等代表調升駐約旦特任代表。那位大官可是白費力氣，枉作小人！——這又是筆者不善作官惹的禍！

筆者在泰國時，當地官員多好打高爾夫球。邀宴，他們不見得願應邀。若是邀請打小白球，大家都喜歡。國內訪泰官員，也多有愛打高爾夫球的。筆者為此自掏荷包，花一萬陸千美元，買了 Pinehurst 球證一個。一方面可邀當地官員球敘，邀請來訪之國內長官打球，一方面每年可辦一次代表杯高爾夫球邀請賽。筆者離任之時，適值不景氣，球證賣不掉。十數年之後，仍未售出，最後只好送給一位曾經為代表處出過大力的僑領。全部一萬陸千美元，一個錢也沒拿回來。

筆者離約旦前，總統李登輝伉儷率團訪泰，最後一天原由國務院長邀宴，臨時被中共大使抗議而取消。筆者事先早安排好，若院長宴發生問題，敦請泰國會議長邀宴，並蒙議長允諾。但得到國務院長取消午宴消息時，總統一行和筆者等都在普吉。筆者當即電話在泰京之副代表電話一位劉姓僑領，由劉姓僑領轉報議長。而副代表和總務組長為了敲釘轉腳，曾答應事成之後將致酬勞若干予劉君。事實上一切筆者全安排好，劉君不過傳一個話而已。事後，筆者將劉君請到總務組長辦公室，當著副代表與總務組長之面，自掏荷包送了兩千美金和兩箱皇家禮炮威士忌給劉君，劉君千恩萬謝走了。副代表和總務組長認這筆錢可從接待總統專案經費中支出，筆者不同意。因為，議長請客完全基於本處和他所建立之友誼。若依他們兩人建議付出六千美金給劉君，豈不是我們用錢買人家請客。意思是：他們請客，我們出錢！這種作法我反對。至於筆者給劉君的錢，只等於報酬他傳話的辛勞。

由上面兩事看，筆者實在不夠聰明，貼出許多錢。但筆者貫徹了自己堅持的原則，一點也不後悔。

筆者任副領事時，由約翰尼斯堡為基地，和英屬三邦聯繫，出錢出力，三地獨立，終於和我們建了邦交，雖然功勞被人家偷去了，甚至於都要開自己的車，內人還要作飯給三地來往約堡的友人吃，只是事情辦成了，我們便很高興。許多同仁罵筆者笨蛋，筆者也從沒覺得後悔過。

但筆者在駐約旦三年任內，因部中指令：部中經費不足，希外館交回若干經費以挹注。筆者共交回三萬美元。至今覺得後悔：

第一、部中收到錢，不說一個「謝」字也就算了，是否收到，復示都沒有！

第二、筆者回到部中，一位司長說：「你們駐約旦代表處經費那麼多呀！」一位科長說：「您把經費交回來，別的館長罵：『我們怎麼辦？』有些同仁笑：『劉代表真蠢，有錢都不會自己用，還要拿給別人用！』還有人說：『難道他還想升官嗎？』又有一些同仁說：『這裏面一定有文章！』似乎對把經費寄回部中的事，沒有一個人稱讚呢！」

省吃儉用的結果，得到的評語是「窩囊」兩個字。怎麼能不後悔。

在泰國時，國人投資設廠者，常受地主、屋主的剝削。看到投資者大把賺錢，不肖地主屋主便隨意加租，惡意加租。這是國人不能承購土地房屋的原故。於是有若干投資的國人希望歸化成泰國人，便可自購土地，自蓋廠房，不必受地主們的敲詐。因而三三兩兩，到代表處請求協助歸化。

論理人民和領土都是立國的重要條件。外交官若協助本國人變成外國人，和協助外國政府取得我領土一樣是不合理、不合法的。好在請求幫助的人數不多，代表處又很難一一拒絕，因之，筆者帶了精通泰文的秘書向泰內政部長操華力上將交涉。筆者提出四點對泰有利的理由，希望操華力部長能訂出一套辦法，准許我投資商人歸化泰國。嚴格說：這種交涉是不應該浮上檯面的。代表處仍將交涉經過以密電呈部。誰知兩週之後，部方卻來電說：「近來若干赴台投資商人來部尋求部次長協助歸化為泰國人，這等事情，該處允宜主動辦理。」而後列了四個泰方應給予同意的理由。似乎部內長官根本沒看到代表處的電報。而且所說的四點理由，代表處都不能同意。因之，代表處回了一個電報，措辭很不禮貌，責怪部內長官為何不看代表處早已主動交涉過此事的電報，責怪所謂四大理由都行不通。責怪部方讓薦任科員們亂七八糟打官腔。此復電當然引起主管次長的不快。實在因為當時筆者在泰受到太多打壓，因而不惜求去，據理力爭！

後來筆者任駐約旦代表，辦理總統李登輝伉儷率團訪約，請求部方派幾位在鄰近地區服務、精通阿拉伯文的同仁到約旦協助接待工作，但部方派了六位同仁去杜拜，對於本處的申請，卻相應不理。主管次長批示：派不識阿拉伯文的科長一人屆時隨訪問團到約旦協助！

把此事和協助國內投資人歸化泰國案相對照，便知道部方之所以不派員到約旦協助接待，實由於對筆者駐泰時那封電報不滿。這又是筆者不懂作官之道所造成的後果！

筆者在約旦第二年，九十月間，有一天，約計畫部長召見我，向我提出：在約之巴勒斯坦難民，UN難民總署已無款協助，盼我國能予以小額援助。如興建排水溝，如興建便橋、道路，每一筆不過數萬到一二十萬美元。多少不拘。筆者曾告以：我政府財政拮据，每用一元錢，二十八分是貸款而來。但允向國內反應。實際上是婉轉的拒絕。

不幾天，部方電報，斥本處說：一、政府無錢，如何答應援助？（代表處根本沒答應。）二、巴勒斯坦難民問題涉及以巴糾紛，我不可介入。（我救助大陸四川大地震，同兩岸問題沒關係。巴勒斯坦難民逃到約旦，即使我大力援助，同以阿糾紛也絲毫沒關係。）三、今年約旦未在聯合國中對我申請入會案說話支援，本部對貴處十分失望。（中央日報早幾天前已刊出外交部發言人的談話，提出在UN中發言助我者共二十八國，約旦赫然列名其中。）

收到此一電報，處中同仁建議駁回，筆者不同意。而後部長章孝嚴伉儷於年底來訪，居住王宮中，為王儲之貴賓。他和計畫部長會談時，面允在若干數目內可予協助。國王胡生也破除成規，接見章部長。章部長離約返國前，筆者即向他提出辭職。但部長不同意。後再經過三次電請准予解職，翌年三月，終於獲准，想起唐張九齡的詩：「今我遊冥冥，戈者何所慕！」頓有解脫之感。

筆者之所以因此辭職，不能說無氣忿的心理。但經再三反省，仍認為是自己不懂作官之道所惹的禍，因此也就心平氣和了。

八 入鄉隨俗

筆者任駐約翰堡總領事館副領事時，承總領事陳公景淵（以源先生字景淵）之命，與正成立自治政府、即將走向獨立的英屬三邦聯繫。小兵立大功，筆者花了兩年的功夫，使盡渾身解數，以一個副領事「之尊」，每地跑了二十幾個來回，和三地政要建立了友好關係。終於獲得在三地獨立後，與我建立外交關係，「傳記文學」創刊者劉紹唐先生曾探得其中經過，再三相囑好歹寫點東西出來，「莫叫青史盡成灰！」筆者謹遵給唐先生之囑，為他的「傳記文學」寫了二十多篇「懷憶錄」。事後總覺意猶未盡，每記起若干往事情節，便想一一寫出，略報給唐先生的後愛。

一般說起來，索托人多信天主教，受教育較為普及，史瓦濟人樸實無華。札那人善於言詞，重視感情。中波斷交，筆者奉令處理關館業務，他們總統府的秘書長、外交部的次長，都曾對筆者說：「只管慢慢處理。一日你不離開我們的領土，一日我們還是好朋友，我們不會讓另一方派人進駐。」

且說民國五十三年，筆者經史瓦濟蘭好友西門。顧馬洛（Simon Nxumalo）的介紹，首先認識了波札那（獨立前稱貝川納蘭）的小學教員馬錫瑞先生（Q. K. J. Masire），而後認識了總理塞勒茲・卡碼（Seretse Karma）。來來往往若干次之後，便都成了好朋友。

民國五十四年外次楊西崑率領專門委員羅旺元，科長林儒曾、秘書石承仁第一次經約翰尼斯堡訪問三地。事先，筆者三地各跑了一趟，安排楊次長一行的訪問日程。我們首先訪問貝川納蘭。總領事和筆者陪行。

我們一行六人，司機開館車，我開自己的福特 Corsair，早飯後出發，中午十一時多便到了嘉柏榮里——貝川納蘭的首府。由於當地沒旅館，也沒飯店，貝方由三位部長分請我們在他們家中吃午飯，筆者和林科長在工商部長——一位白人——家吃牛排。陳總領事和楊次長在內政部長家。

當晚，總理卡碼（Seretse Karma）官邸有一個歡迎晚宴。卡碼夫人是英國人，卡碼在倫敦讀某大學文學碩士學位時結識，而後戀愛結婚。

晚餐非常豐富。主菜是牛排。貝國盛產肉牛、奶牛，落巴磯有一家屠宰場，每天處理一千一百頭牛。大部份外銷，本地市場佔有率十分低。當天我們吃到的是上等牛肉（Prime beef），廚子的手藝也不錯。大家吃得非常高興。

楊西崑健談，總理夫婦也是。是以宴會炒得很熱鬧。

晚餐後，總理提議到他花園裏走走，我們當然不能反對。所謂花園，只是長了十幾棵刺槐的大空地，根本沒有一朵花。園門口吊了一支大約六十支燭光的燈，在風中擺動。夜霧初起，能見度甚差。

而後，我們聽到有人在槐樹下小便的聲音。大家頗為吃驚。定睛一看，原來是總理閣下正在方便。

有兩位隨員覺得好笑，居然笑出聲來。楊次長罵道：「這在非洲是平常的事，有什麼好笑的！」他又補了一句：「太沒禮貌。」

筆者於是有樣學樣，找了一棵茂密的刺槐樹，入鄉隨俗，在樹下隨地解決一番。還有其他兩位同事跟進。

回到客廳喝咖啡。總理夫人愛跳舞，電唱機中不斷播放探戈、恰恰、倫巴等舞曲。夫人自己單獨踏著舞步。在次長吩咐之下，羅明元下場伴舞。

宴會十一點多才結束，我們得開三十英里的夜車，到落巴磯旅館住宿。

陳總領事中午在內政部長家吃飯，有一樣菜，有點臭味，但很好吃。入鄉隨俗，陳公不免也吃了好一些。半夜又吐又瀉。尚幸訪問團帶了特效藥。服了兩次藥。第二天大夥兒啟程回約堡時，已經沒事了。

九 百密一疏

民國八十二年十一月，我時任駐泰王國代表。一天，曾率包括參眾議員共十四人訪問團訪問過中華民國、且晉見過我們當時總統李登輝的國會議長瑪律．汶納，告知我說：他擬邀李總統訪泰一週，全部費用由他負擔。

記得瑪律議長訪華前，部中給我的電報說：只邀瑪律伉儷和議員共十人。鑒於國會議長地位崇高，泰王賜宴時，他的席位尚排在國務院長之前。為促成他們的訪問，我洽得僑領吳淑珍小姐同意負擔兩張機票，我設法支付另兩張機票，終於使他們成行。最後，部方也同意負擔此四人在台食宿。按此四人，其中一男一女係議長夫婦的保全。另兩人是議長的機要。事後，議長得知詳情，對我特別友好。我有事要求他，機要一定為我們安排晤面。他風聞李總統將赴印尼度假，因此表示願邀總統訪泰。

正準備將詳情密電呈部之際，外交部政務次長房金炎偕亞太司長鄧備殷到曼谷洽公。在機場，我將詳情面陳。房次長但說：「還有其他管道。」未置可否。結果，房次長洽得國務院第二副院長林日光具函邀請。林日光泰名 Amnay Viravan，華裔。他的叔叔林來榮時任世華銀行董事長。

林副院長的機要姿態甚高。他對我表示：一應節目由他們全權安排。我代表處如介入，他們便撒手不管。

日程安排出來了。除了吃飯、打高爾夫之外，唯一的一個官方節目是由國務院川院長具名的一個午宴。（川・呂沛院長，二代華裔。中文名呂基文。）

筆者曾在部中禮賓司任交際科、典禮科科長共三年，深知任何節目，譬如說：歡迎軍禮，下雨便不能舉行，必須預備其他替代節目。川院長宴萬一因中共抗議而取消，後果豈不難堪？筆者因此往訪瑪律議長，請他萬一發生是等事故時，即由他具名邀宴。蒙他一口應承。但筆者還不放心，又往訪參院議長迷猜，萬一國會議長出國，或因其他事故，譬如生病，則請他具名邀宴。迷猜姓盧，也是第二代華裔。他的一位同胞兄長當時在日月潭任警官。我曾邀請他偕夫人訪華。還曾替他的小姐作媒人，嫁給一位周姓僑領之公子。是以，我們的關係非常好。他也一口應承。

結果，李總統訪泰之當天，川院長次日的午宴果然因保密不週，事前為中共大使館探悉。中共大使親赴國務院抗議因而臨時取消，其時，我陪同總統一行旅居普吉島。我當即電話留守曼谷的副代表趙傳宗兄，請他懇洽瑪律院長邀宴。當晚，趙副代表電話告知：「已辦妥。」他正要說出宴會地點時，我立即止住他說：「隔牆有耳，請不必說出來。明天我們專機到曼谷，領我們去宴會地點便是。萬一消息走漏，中共一抗議，又要胎死腹中了。果然，我真不知道該如何處理呢。」

是以，宴會地點，訪團沒有一個人知道。只知道由國會議長宴請而已。

次日上午，班機抵達，趙副代表在機場迎候。全班人馬立即驅車前往位於機場附近的中央酒店。

不知何去何從。

但百密一疏，全班人馬到了中央酒店，卻發現運行李的卡車沒有來。因為，我們沒有告訴卡車司機宴會地點，裝運行李費時。等行李裝好，所有訪團人員都離開了，他上車要開車，才發現不知何去何從。

宴會即將開始，行李未到，禮品一件也沒有。上面責怪，受過的是秘書組長（參事）。好在卡車司機還算機靈，他先把車開到代表處，問清地點，再開車到中央大酒店。差一點沒趕上！

保密保過頭了，結果發生了這種糗事。責任是我的，卻讓秘書組長受過挨訓。每一想起來總覺得對他歉疚、慚愧！

林日光的機要不讓代表處插手。結果，總統這次訪問唯一的兩個官方節目——和泰王晤談，由國會議長邀宴——都是代表處安排的。不然，那將是很難堪的局面。

十 好人難作

民國六十八年十月，筆者時為駐宏都拉斯大使參事。大使唐京軒先生即將退休，由筆者任臨時代辦。比照總領事待遇。

唐大使離職前，將館產一一照冊點交筆者。但他私人留下有三十幾罐台灣茶葉。他自己不喝茶，因為他相信中藥，相信茶葉對身體有害。那些茶葉大都是國內來客所送，都過了飲用期，但他寧願茶葉過期，卻不肯分給同仁。農技團送來的冬瓜、蔬菜，他也寧願丟在一邊，讓這些蔬菜腐爛，就是不分給同仁。筆者問起：「茶葉何不及早送同仁？」

唐大使說：「老弟，你年輕，不知道『好人難作』的道理。這些茶葉，我也不知好壞，不知價錢。我若是把甲級品送給了張一祕，把乙級貨送給了李參事，張一祕不見得說我好，李參事一定會在背後把我罵得一錢不值。我何必找這種麻煩。」

俗云：「助人為快樂之本。」依照唐大使的說法：「照顧別人，反而會發生麻煩。」讀者不信嗎？筆者也不信。但卻身受其害！

筆者在我駐約翰尼斯堡任副事之時，有一天，突然收到非洲司科長陳泉生的電報：電報內容大略說：「某月某日，適值星期六，將陪同某大員於中午十二時抵達約堡機場。次日離約堡。素聞南斐盛產鑽石，希望能於不到一整天的時間內，為他「大力安排」，選購一顆一克拉左右的鑽石。」

筆者和陳泉生在部中雖曾見過，他是留學生進部的「黑官」薦派專員。我是高考進部的薦任科員。既不同司，平常也少來往。我那時年輕好強。雖然南斐的商店星期六下午一時起打烊，要到星期一上午九時以後才開門。我還是說服了當時金山（即約堡）最有名的凱珠•魯利珠寶店，派一名店員，於星期六下午兩三點鐘之時到我們總領事館官邸，攜帶三四顆一克拉左右的鑽石，給陳某挑選。為了敲釘轉腳，我特地先付給那位店員五鍰南斐幣小費，作為他來回的車資和星期六加班的補償。我當時只想表現能力，卻沒考慮到：第一，萬一陳某只看不買，我如何個收場？第二，或者他買了之後反悔，要我為他退費，我又當如何？卻沒想到還有個第三。

陳泉生陪同那位長官按時抵埠。中午在總領事官邸午餐。三點鐘之時，凱珠•魯利公司的店夥拿來五顆一克拉大小的鑽石，陳某挑了一顆。價錢說定是七百斐鍰。但當陳泉生以美金支票付賬時，店員堅持一塊斐幣以美金一元四角五分計算。而當時的的官定匯率，是一比一•四美元。為了替陳泉生省錢，我慨然開了一張七百斐鍰的支票給店員，而請陳泉生以一比一點四的兌換率開一張九八〇美元的支票給我。等於我為他節省了三十五元之多。那是國內同仁兩個月的薪水。

總以為自己做了一件得意的事，沒想到，第二年陳泉生再度陪同那位長官途經約堡之時，他竟在那位長官面前狠狠的告了筆者一狀。他說：「第一，根據台灣珠寶店的估價，那顆鑽石只值五百美元。第二，那一位店夥究竟是那間公司的，大有疑問。（其實，他有收到凱・魯公司的發票和保單卻一字不提。）第三，為什麼美金支票要開給筆者，而非凱・魯公司？（若然，他必須按一比一・四五的匯率開一張一零一五元的支票，而非九八零。）顯見這裡頭有文章。」

那位長官一向以己度人，聽了陳泉生這番謬論之後，竟然大為光火，向當時總領事陳公氣勢洶洶的痛罵筆者無恥！陳公長者，對筆者知之甚深。堅決表示其中一定有誤會。絕不相信筆者會有欺騙行為。第二天，陳公陪同陳泉生去凱・魯公司查詢，當然也帶了鑽石、保單和收據。公司總經理凱珠先生親自接待、查對。證明了那顆鑽石確是該公司的貨品，成色、重量、清晰度完全相符。而且證明所付的貨款確是七百斐鍰無誤。陳泉生心下大為高興，又買了一顆。事後，陳公向那位長官解說，那位長官連屁也沒放一個。

助人有時確實是麻煩之本。想起唐大使當年「拔一毛而利天下、不為也」的論調，心中實多感慨。

十一 人性

我駐馬拉威共和國首任大使陳以源（字景淵）先生，是外交部同仁中最清廉的前輩之一。陳公任駐約翰尼斯堡總領事時，筆者有幸得追隨左右兩年多。其時，國內經濟沒起飛，外館經費甚拮据。部方又有電報訓令駐館展開對南非三英屬殖民地的聯繫，經費卻一文不加。陳公每月都得貼出若干薪水以支應。筆者和三地聯絡應酬，每地都跑了近三十次，從未報領一塊錢出差費。便是受了陳公的陶冶感召所致。可惜，陳公在馬拉威只作了兩年大使，不得主管次長的歡心便被調部辦事。陳公決定提前退休，鬱鬱而終！

然而，清廉是一回事，一般小人是否相信你清廉呢？那可是另一回事。

且舉一實例。

民國五十七年九月，史瓦濟蘭獨立舉辦國際商展，我奉派帶領了副領事杜稜兄和僱員席娜•布立吞（Shila Britan）到曼真尼主持中華民國館。在曼真尼的小旅館裏共住了二十一天之久。

九月五日，我國楊特使西崑帶領了總領事羅明虎、秘書石承仁等也到了史瓦濟蘭，參加獨立慶典。他們住在剛開張不久、處於天堂谷（Ezulwini Valley）中的史瓦濟溫泉大旅社。

九月六日，各種節目次第展開。傍晚時，最後一個節目是中華民國提供的煙火。是我遵照外交部的指示向一間英國公司洽購的。楊特使看了最前面的兩個煙火便走了。對羅總領事說：「劉領事幹的好事，我們中華民國的臉可丟到底了！」他們兩個同坐一車。楊特使不停的嘮叨，罵劉領事不會辦事。把一個國際性的節目弄成一個讓我們大丟人的節目。楊特使並命令羅總領事打電話到曼真尼「面斥」本人。羅總領事當然也照辦了。

誰知楊特使到了旅社不久，居然有好幾國的特使，包括美、日、法等大國的特使，特地敲楊特使的房門，恭喜中華民國的煙火節目精采萬分，歎為觀止。楊特使到了大廳，許多國家的特使都向他致意，稱讚「從沒看過像中華民國所製造的如此美好的煙火過。」原來放煙火有如唱京戲，開頭都是龍套，壓軸的才是好戲。楊特使覺得不好意思，又要羅總領事打電話給我，要我去他們旅館吃晚餐。我一肚子怨氣，說是不要去。最後禁不起總領事的勸說，只好開了我那台福特，花了差不多四十分鐘，才開到天堂谷。其時夜霧初起，能見度很不好，二十八英里的路程都是山路。所以車開不快。

記得我去訂購煙火節目之時，英國公司開價四百五十美元，而外交部只批准三百美元。這當然是長官對我不信任的關係。最後，我和那位牛哥（南非籍的荷蘭人）經理再三殺價，總算以三百五十美元成交。我暗中貼了五十美元，還不敢說。當時心中的窩囊，真是痛心極了。我若貪錢，我可利用我的外交特權，每兩年進口一台常人不許進口的豪華汽車，如賓士５００、保時捷９１１、法拉利 Testarosa，轉手即可賺一萬美元以上。我到三個保護地出差新後各達三十次之多，從沒拿過一分錢的出差費。我每次出差，包括這一次商展，都是使用我自己的私家轎車。只要用腳趾頭想一想，也可明瞭劉某人絕不是貪污無恥之徒。但世上潘金蓮型的女人常有。假如妳是良家婦女，妳告訴她們，妳是不會偷漢子的。但，她們會相信嗎？

這真是人性的悲哀。

十二　事君數，斯辱矣

小時讀論語：一個臣子對皇帝的缺點，一次進諫，皇帝不聽，就應該打住了。若要再三再四的進諫，結果會招來恥辱。然而，事非經過不知難，直到我作到大使館參事，還不知聽從聖人之言。一位老長官的夫人，叫內人長途電話告訴我：「大使如何個做法，不要管閒事。」真佩服這位夫人的高明。只可惜，筆者得到這個忠告時，錯誤早已造成。

那一年，我調任駐尼加拉瓜大使館參事。初到大使館，第一件看不慣的事是；大使館沒有照會用的紙，也沒有照會用的封套。只有普通信封信紙。再就是節略也好，照會也好，雖然是以第三者口氣寫的，卻都由大使簽上全名。蓋館章的地方也不對、這都是館中職業外交官的差失。筆者因建議改善。大使說：「已經使用普通信封信紙多少年了，也沒出錯。」

其次，美金一元官價合七元本地幣，黑市卻超過十元。館中經費，都是由會計開好美金支票，大使簽字之後，交給土人司機去換給一家私人銀行。結果，所換的本地幣，三分之一好過了那位司機。因為他早就和那家銀行的出納勾結作弊。錢是換了，兌換水單卻是假造的。筆者建議大使：「館中經費不裕。若換黑市，經費也可充裕好多。而且換多少、向部方報多少。並無違規之處。」大使說：「不能換黑市。那是擾亂駐在國金融的行為。」我們一個月不到兩千元的經費，如何能擾亂到一個國家的金融市場？大使不聽，也就算了。

有一天，一位姓黃的僑領來找大使，說是「當地幣貶值，華僑會館上次地震震毀之後，重建的捐款都是當地幣，為恐當地幣貶值，希望館中當月的美金經費換給他，對僑社有利」等語。大使以經費尚未奉到，須俟月底。但那位僑領堅持大使先開支票，月底兌現，當地幣即日折給大使館。

就這樣，大使館次月的經費按一比七的匯率換給了那位僑領。當晚九時，尼總統電視廣播，當地幣貶值，官定匯率改為一比九點幾。大使館同仁都知道那位僑領是事先有消息的。大使叫我們同仁——筆者、三位一秘、兩位主事——到他辦公室開會，錢已預先換出，無法補救。由大使館把全盤經過寫了長長的一個報告呈給外交部，予以說明。自此以後，大使才同意經費換黑市。一美元已可換到十數元當地幣，換多少，向外交部報多少。兌換經過，除會計出納之外，還由參事簽名，以昭信實！

之後，尼加拉瓜情勢越來越壞，內戰已迫在眉睫。那是民國六十八年五月下旬。我很怕首都要發生巷戰，到時候要是沒有水、沒有食物、也沒有電，全館同仁和農技團十幾位團員將如何生存？因之建議大使運用外交部匯來的三千美元應變費，買些礦水、牛肉、罐頭、米、瓦斯、和汽油，俾情況緊急時全部人員可集中生活。但，果然，我的建議又碰了軟釘子。

六月初，內戰爆發，所有店舖都關了門。什麼也買不到。譯電員李漢文原住民家，斷了糧食，一個人坐在大使館，對著上百本的電碼、電本，不知如何是好。他電話大使請設法救援。大使電話武官，武官不敢去。因為街頭巷戰已開始。大使電話在馬拉瓜待了超過十年的一秘丁珂，丁珂也不敢去。大使給我電話，也是我火氣大，說了幾句沒禮貌的話。埋怨大使不聽忠告，早作應變的準備。但我還是和主事韋鶴年冒險開車把漢文和密電本救了出來。又為農技團送了一大塊牛肉去。

幾天之後，我們由駐瓜地馬拉大使毛起鷴租到一架沒有窗子的小飛機，全體人員由馬拉瓜飛到瓜地馬拉城避難。

內戰結束，叛軍桑定陣線全勝。總統蘇莫沙逃去了巴拉圭。大使館重新辦公。館員有的記功，有的嘉獎。只有我被調去宏都拉斯，韋主事調去哥斯大黎加。這是對我們的「獎勵」！

有人為我們抱屈。我一笑置之。我引用莊子讓王篇中屠羊說對楚昭王說的話來解說：

屠羊說曰：「大王失國，非臣之罪，故不敢伏其誅。大王反（返）國，非臣之功，故不敢當其賞。」

曾文正公曾有詩云：「低頭一拜屠羊說，萬事浮雲過太虛。」便是凡事莫計較太多的意思。孔夫子早說過：「事君數，斯辱矣！」我沒聽聖人的話，咎由自取，有什麼好埋怨的。

十三 羞見女醫生

民國六十九年三月，我任駐宏都拉斯大使館參事代辦。其時，我已奉總統令調赴約旦代表處任代表。一俟繼任于彭大使抵宏京到任，我即赴約旦。

我從小就有半夜起床小便的習慣。有一天晚上，大約半夜兩點左右，我起床上洗手間。小便之後，突然覺得會陰深處有銳痛之感。相當難受。過了十來分鐘才漸漸平復下來。這種情形持續了好幾天。我一生潔身自愛。自從三年單身來到中美，從未和異性接觸過，絕不可能是性病。但既有了症狀，一定是身體某部份有病變。奇怪的是：白天卻正常無事。那天上班之後，我用英語吩咐我的秘書小姐，要她為我約見一位泌尿科醫生，我要看病。秘書小姐立即辦妥了。約定次日早上十點鐘。

第二天早上十點尚欠五分鐘，司機已把我送到泌尿科醫生診所的門口。到達之時，一位護士小姐在診所大門口迎候。打過招呼之後，她領我到診療室。我一進診療室便呆住了。原來秘書小姐給我約的，是位女醫生。我後悔沒有用西班牙文交代她：我要看一個醫生（uno doctor），不是要看一個女醫生（una doctora）。

這位女士大約三十剛出頭年紀，標準的中美洲白人模樣。不但面目姣好，身材尤其玲瓏剔透，相當突出。面對這麼一位小姐，要我把褲子脫下來讓她檢查，實在是不好意思。我開始後悔沒有向秘書小姐交待清楚，要找一位男性的醫師。但是，一切都已經太遲了。只好「既來之，則安之」了。

我先向她解說症狀。（還好，這位女士是在美國讀的書，英文很流利。要不然，我還得帶我的女祕書去翻譯，那可就糗大了！）她也問得滿詳細。例如：近幾個月來的性生活，平常的飲食作息習慣等。之後，她叫我躺上診療床，示意要我脫去下衣。

她先按我的鼠蹊（又稱「腹股溝」），確定鼠蹊淋巴腺正常，沒有腫大，表示沒有發炎。再查下部，甚至翻開包皮，用放大鏡看尿道口。看看有沒有紅腫，有沒有分泌物。前後只有兩分鐘左右。她示意要我穿上衣服。而後說：「我看不出你有任何病，我先開三天抗生素，你吃吃看，若是症狀不減，我帶你去大醫院再檢查。」

我謝了她，匆匆忙忙接過他開的處方，儘快的離開了她的診所。幾乎可以說是逃出了她的診所。要我再去找她帶去大醫院？門都沒有。

有一位同事的太太好意對我說：「前任大使俞國斌先生是被土人司機在官邸開槍打死的。您睡的那張床正是他臨終躺過的。既然醫生說您沒有病，會不會是您睡的房間和床鋪有什麼不乾淨吧？要不要燒點錢紙，化解一下？」

我本不信這套的。但既然人家好心建議了，而且燒點錢紙香燭也不是什麼大事，於是我交代廚子老李照辦。

然而，三日之後，藥也吃完了，錢紙也燒過了，病痛依然未稍減。

五天之後，我回到台北。經過三總和中華醫院的泌尿科醫生檢查，都說是攝護腺問題。而我急於要赴約旦到任，直到六月下旬，我才請假回國診治。

我先到公保門診看曹夢蘭大夫，他說我是直腸問題，要我改看直腸科主任王豐明。這位大主任也沒給我照直腸鏡，便為我開刀。結果，從直腸往前割掉了一小塊攝護腺。我出院回到約旦，尿血不止。多謝約旦胡生國王醫學中心的泌尿科主任勞醉醫生給我吃了一個月的抗生素才止住。小便培養出大腸桿菌：之後，時好時壞。直到民國八十六年——十七年之後，小女在榮總腫瘤科任主治醫師，和泌尿科張延驊主任會診，確定是攝護腺癌。在劉裕明醫生監督之下，接受直線加速器治療三十七次，終於痊癒。只是他們看到我直腸開刀的病歷，甚覺不解！

十四　「座上囚」

戰國時齊國的贅婿淳于髡便曾說過：飲酒，一斗也可能醉，一石還可能不醉。端視飲宴的對象、場合、氣氛而定。筆者前面已經說過：吃國宴有如「座上囚」，飲一杯酒都可能醉。筆者便曾吃過好幾次國宴，作座上囚。雖不舒服，但還可接受。只是有一次真正作座上囚，可能不比作「階下囚」好過！。

民國六十八年十二月，筆者時任我駐宏都拉斯大使館參事代辦。除夕來到，總統拉巴斯將軍依例邀請各駐宏大使館館長夫婦參加除夕彌撒和晚宴。筆者揣測：彌撒大概最多兩小時。七時到教堂，九時、最遲九時半可以吃晚飯了。

筆者曾在南非服務過三次，前後長達十年之久。南非各國多是從前英國的殖民地，一般中上社會人士都有喝下午茶的習慣。所謂下午茶，即是紅茶加牛奶，然後有一兩片餅乾。到了中美洲，像哥倫比亞、哥斯大黎加、宏都拉斯、瓜地馬拉等中美國家，都盛產咖啡，咖啡是又好又便宜。在宏京，我們把下午茶改為下午咖啡；因為，中國茶實在太貴。

筆者下午四點接到工友遞上來的咖啡，只喝了一口，想起晚上的應酬，便停止不喝。六點半離開官邸之前，還特別上了一次洗手間。六點三刻以前要到教堂。因為，我們不能比總統晚到。

實際上，總統到達時已是七點四十左右。八點鐘才開始彌撒。彌撒禮是由大主教親自主持。除了極小一部份用拉丁語外，極大部分都是用西班牙文。筆者的西文程度實在太差，只有跟著外交團的其他成員，一下起立，一下跪倒，又一下坐下。到了九點左右，筆者已覺得十分不舒服，而且漸漸感到內急；到了十點多，內急十分嚴重了。十一點左右，幾乎有一點要休克。好在年紀還正當壯歲，勉強可以支持。好不容易到了十二點整，到處教堂鐘聲雷動，彌撒也於焉結束。趕快上洗手間吧，洗手間門口的長龍已排了十幾公尺長。

筆者心想，不如先趕到總統官邸解決問題，那兒是宴會的所在。誰知到了總統官邸，洗手間前也是排了長龍。一位官邸的副官，曾在台灣參加過「遠朋班」訓練的，一拉筆者的衣服，帶我到廚房後面傭人的洗手間方便，真是救了我一命。要是再憋個十分二十分鐘，恐怕要鬧笑話了。

晚宴在清晨零時三十分開始。總統要說話，外交團長要說話，哈欠連天聲中，筆者食不知味的總算吃完了「晚宴」。回到大使官邸，趕快更衣睡覺。頭一敲上枕頭，便人事不知了。

這是筆者外交生涯四十年中真正一次作了座上囚。現在想起來似乎還「餘悸猶存」呢！

十五　一語化尷尬

筆者在泰國任代表五年，期間覺得最苦惱的，便是交通。

有一次應邀和泰軍幾位四星將軍打小白球，從代表官邸到球場，通常只要一個多小時，那天大塞車，司機整整開了三個半鐘頭才開到。

抵達球場，早準備說幾句道歉的話，誰知受邀請的客人，才到了三位。筆者還算到得早的。主人還沒到呢。

八十一年春節期間，筆者在寓所邀了約四十位報人喝春酒。絕大多數的客人都到了，有幾位報社負責人和記者還沒到。

在曼谷塞車是常事，已到的賓客大家都能諒解。一面喝著飯前酒，一邊聊天苦等，六點半的宴會，賓客八點半才到齊。因為是 sit down dinner，不是自助餐，不能提前開動。客人到齊了，當然馬上開動。但我仍然發現有幾位先到的記者似乎不太高興。而遲到的客人，雖然道了歉，還是有點不好意思。

為了要紓解兩方面的情緒，於是我說：「我是個工作狂，經常很晚才回家，讓太座在家左等又等，等得我實在不太好意思」。

有一天，下班本就晚了些，又碰到大塞車，我差不多十點半左右才回到家。晚飯菜都冷了，只好請太座親自下廚熱過。——因為時間太晚，內人早已吩咐女傭休息了。

為了平息內人的不快，我對她說：「請不要怪我，要怪就怪泰國的制度。」

她說：「泰國的制度又怎麼樣？」

我說：「在國內，我們遵守的是三八制。即是：工作八小時、休息八小時、睡眠八小時。但曼谷採用四六制。那就是工作六小時、睡眠六小時、休息六小時，坐在車中六小時。我沒坐足六小時的車，怎麼也回不到家！」

筆者說完話，來賓們哄堂大笑，遲到的客人不覺得內疚，早到的客人也就不介意了。

第二天新中原報的「飛觴放語」專欄特地以「劉代表的妙喻」為題，寫了如下一番話：

劉瑛代表的妙喻

九日晚應邀赴駐泰台北經貿處代表劉瑛之春宴，我與另兩位同業共三人，不約而同地遲到了一個多小時，到達時已經是嘉賓滿座。漢席與酒會不同，好幾十人在等著一兩個人，很不好意思的。

但席間，一向談笑風生的劉瑛代表，除了講一些「笑古」和談一些中外官場趣聞之外，突然改變語氣，像在論政一樣談起工作制度來：

「談到工作制度，我們台灣的工作制度是「三八制」，即工作八小時；睡眠八小時，休息八小時；但你們泰國的工作制度是「四六制」，即工作六小時，睡眠六小時，休息六小時……」聽至此，我不禁更翹起了耳朵，他故意頓一頓後續下去：「還有，坐車六小時，我從廊曼機場回家足足坐了兩個小時的車。」

此言一出，便轟然哄堂大笑！

而我這個遲到者也窘態全消，再也沒有「內疚」的存在。

此妙喻不但能解人之窘，更是把一種「煩惱」化為「責任」，要大家忍讓和負擔。

十六　作官？作人？作事？

賈似道是宋朝惡名昭彰的大奸臣。在他擔任類似今日首都警察廳廳長職務時，手下報告他：「太廟所在的那條街失火。風助火勢，已經燒燬了十幾間店鋪。離開太廟也只有二十來間店鋪了。」

賈似道好整以暇，說：「再等一下。等火燒到離太廟五間店鋪時再來報告。」

過了一會，手下報告：「已經燒到離太廟只有五間店了。」

賈似道這才立即下令，帶領全班人馬去救火。他先拆掉離太廟最近的兩間店，阻止火勢前進。同時拼命灌水救火。火又燒掉三棟店鋪。最後，因為餘下的兩間店鋪早已被拆掉，而且有許多人灌水。大火終於熄滅。

第二天早朝，宰相向皇帝報告：「太廟大街大火，風助火勢，延燒甚速。眼看就要影響到太廟了，幸得賈似道率領部下拼死搶救，最後火終被滅熄。太廟安然無恙。毫髮未損。」

皇帝龍心大悅，賈似道也就得到了獎賞。若是火一起他便帶人去滅火，可以多救很多店鋪。但他卻失去了「拼力保護太廟的功勞」了。房子多燒燬幾間，他才不在意呢。

這是會作官。為了自己的升官發財，不顧旁人死活。但不免為人唾罵。

外交部的前輩長官劉宗翰大使、劉達人大使，克己待人，笑口常開。凡事都先替別人作想。從不罵人。從不說一句重話。平時謙虛誠信，彬彬有禮。所以，他們在同事眼中都是「聖人」。這是會作人的表率。此外，他們也很會作事。所以，他們都得到上級的青睞。獲得同仁的尊敬。

劉達人先生做了二十多年的特任官。民國八十九年，他口述歷史，由卓越的作家丘引女士紀錄。達公最後任北美事務協調委員會主任委員時，筆者已由駐約旦特任代表辭職返國。有一天，他問筆者：「您是特任多少俸點退職？」筆者說：「九百俸點。」達公說他還是八百俸點。這充分表示：他是一位會作人、會作事的君子。對於官階俸級，他根本不刻意爭取。

達公在賴索托做了八年大使，深知巴蘇托欄（即賴索托）、貝川納蘭（波札那）和史瓦濟蘭三個南非國家，自建立關係到與我建交設館，都是筆者單槍匹馬「辦的事」，闖出來的天下。但功勞則被會作官的長官偷去了。達公曾要求從事口述歷史紀錄的作者與筆者接頭。然而，筆者是只會作事的公務員。只要事情辦成了，替國家作了事，則心願已足。而長官如曾任次長的蔡維屏先生、陳雄飛先生、曾任非洲司司長主管非洲事務的殷惟良先生、鄭健生先生，對筆者的努力，都深切了解，知之甚詳。載在檔卷中。筆者之所以能以特任九〇〇俸點退職，豈不也是會作事的結果？公務員應該會作人、會作事、還是會作官，只有自己去好好選擇了。

十七 前輩風範

民國六十三年五月，筆者攜眷自非洲返國。途經羅馬。時我駐義大利大使許紹昌赴美休假，公使張為資代館。張為公係留美博士。他學成回國之日，當時外交部次長徐謨親持委派張為公任科長的派令至張府，謁見時任教育總長的張老先生——為公的尊翁。張老先生一看任命狀，甚不以為然。他說：「小兒剛從美國唸書回來，人情世故，所知有限，外交乃國之大事，豈可讓一位年輕小伙子擔任科長？你們認為他還可造就，那就叫他從科員做起吧。」

徐次長不好意思說「不」。為公便從「張科長」變成了「張科員」。

筆者問為公是否確有其事。為公說：「確實如此。先父最恨搞特權。」為公在部中任人事處長時，上面交代他辦理一件不合規定的任命，他毅然拒絕。因而辭去人事處長職務，改調簡任秘書。虎父無犬子，真是不錯。

筆者任禮賓司科長時，有一年，尼日總統要來訪問，副總統兼行政院長嚴家淦先生在行政院親自主持協調會議。其中有一個節目是由嚴先生邀宴尼日總統，並有現場表演（floor show）。一下子找不到適合的地方。

有人提議在新生南路的空軍新生社。但嚴先生認為空軍新生社停車不便，交通不便。某一單位的代表說：「可以實施交通管制呀！」

嚴先生說：「千萬不可以，交通管制是擾民的行為。不能因為副總統請吃飯而實施交通管制！」他又重複了一句：「千萬不可以！」

於是大家商定了，改在三軍軍官俱樂部。

嚴先生也同意了。但他說：「那天是禮拜天，不知會場有沒有訂出去。」

經過電話詢問之後，果然，那天有一位空軍上尉軍官立功結婚，就訂在三軍軍官俱樂部舉行婚禮。副總統要請友邦元首，他當然要讓出地方來。

嚴先生得知情況後，立即吩咐交際科長陳崇昌兄：「崇昌呀，打聽清楚，用我的名義送一個喜幛。另外，送給新郎一套西裝，新娘一件旗袍。」崇昌兄連連答應。

嚴先生又問：「你們看這樣夠不夠？」

一位與會代表說：「太夠了。只要有副總統一個喜幛他們便應該滿足了！」

嚴先生說：「不是這樣說。結婚是人生一大喜事。人家大喜的日子，我們把人家給擠跑了，人家會認為這是觸霉頭的事，所以，我們一定要補償。」

那位發話的仁兄聽了覺得很不好意思。

「擾民的行為千萬不可以！」這才是大政治家所說的話。

日前與甯大使紀坤兄餐敘。筆者一位表親陳傑追隨陳誠副總統多年，曾與紀坤兄共過事。他們都說，辭公（陳誠字辭修）任副總統兼行政院長之時，其公子陳履安等上學放學，絕不許使用公務車輛接送。老長官陳以源任駐泰國柏覽坡領事館領事時，也是自掏荷包，購買了一台三輪車，僱一個車伕，接送兒女上下學。前輩風範，令人肅然起敬。陳水扁任總統時，兒子結婚，竟動用總統專機迎賓。兩相比較，正不知何為「威權時代」！

不久前歷史學家周谷兄賜寄其所著由聯經出版社印席的「外交祕聞」一書，書中曾述及我駐美大使館的「館寶」王湧源先生。他的英文程度，堪稱大師級，高過一般大學教授。達到「國寶」的境界。這使筆者想起我們亞西司「司寶」蔣本深兄。

本深兄畢業於上海復旦大學，法語文程度甚佳。英語文程度也不錯。自大陸來台後，曾任外事警官。後因故離職。經蔣恩凱大使的提拔，進入外交部工作。任委任科員。

本深兄在亞西司一待便待了一輩子，從三十多歲的青年小伙子一直待到退休。司中大小公案，他最熟悉。任何同事，遇到困難，只要找本深兄，便都能迎刃而解。

本深兄辦事非常認真，非常努力。頭腦清楚，思路明快。只要看他寫的中文稿，每一個字都是端端正正，一筆不苟。便知其人的行性，也是一絲不苟。

筆者任亞西司副司長之時，即曾為本深兄的屈身下僚而不平，和主管人事的科長、副處長力爭。他們說：「蔣某從前曾犯過錯，我們無法向銓敘部推薦。」筆者說：「我數十年前小學畢業。但後來我讀了大學，拿了學位。難道你們只承認我小學畢業的資格，後來讀的都不算？蔣某認真負責，頭腦清楚，文筆甚佳，你們為什麼不注意到他近若千年來的努力而只斤斤計較他從前犯的錯呢？」

然而，再怎麼爭，也無法說服人事主管同仁。

筆者任亞西司司長時，又向人事單位提及本深兄的事。若不能升他為科長，最少，應可將他升為薦任科員吧。但人事處總以「格於規定」為由，予以駁回。筆者甚至曾找當時任考選部政務次長的同班同學傅宗懋兄，請予賜助，也不得要領！

依照規定，本深兄連外放的資格都沒有。

但本深兄從無怨言，只是緊守崗位，埋頭工作。而待人又謙虛有禮，甚得同仁的尊敬。為了對他的辛勞略表獎勵，除每年攷績予以甲等外，筆者每次赴中東開地區會報，或參加經濟合作會議，視察外館業務，總是請他同行出國。

前些時和司中幾位老同仁餐聚，提起本深兄，大家都同聲稱讚。都說：「蔣公在司中工作時，不但科員們對他十分尊敬，都以『蔣公』相稱，連司長、副司長、科長，都對他非常看重。倚為『活辭典』。」

本深兄已仙逝多年了。而多年之後，仍然有許多同仁懷念他，也不負他大半生獻身亞西司的辛勞了。

十八 一事無成學外交

筆者任駐泰代表，第一次參加當地華人記者節，曾表示自己幼時夢想是當記者，結果天不從人願，未能當成。

民國四十二年初，筆者正屆大學畢業，尋求就業機會之際。千拜託萬拜託，得到一位教授的協助，拿著他的介紹函，去見一位報館負責人某女士。

見面寒喧時，這位女士問，「劉先生會抽煙嗎？」

我說：「不會。」

「那麼喝酒呢？」

我說：「也不會。」

這位女士笑笑說：「那麼搓麻將、打沙蟹、逛窯子更不會了？」

我答：「確實都沒嘗試過。」

然後她說了一個故事：有一批電影明星出外景。一位女星忽然內急，匆匆忙忙跑到樹林裏的長草叢中去方便。女同事嚇她說有蛇，她不理；男同事說：「警察來了！」她還是不理。忽然一位女同事高叫說：「快點，有兩位攝影記者走過來了！」這位女星才方便了一半，便急急忙忙穿好衣服跑出來。男同事笑她：「妳不怕蛇、不怕警察，為什麼卻怕記者呢？」

我也覺得很奇怪，為什麼他怕記者？

這位女士問我：「你知道她為什麼怕記者嗎？」

我說：「大概記者是男生吧！」

她笑笑說：「難道警察不是男生？」

我答不出來。

她接著說：「一個作記者的，要耳聽八方，眼觀四面。想想看：這位女明星在荒郊野外的地方寬衣解帶方便，若是鏡頭上了報紙，她還能做人嗎？」

我不敢答話。

於是她解釋說：「一個一流的記者，上山、下海，要十八般武藝都通。不但能舉一反三，還要反四、反共。之外，還要忠於職業，忠於事實，六親不論。刀槍不懼。像你這樣，年輕、品學兼優——你老師說的——從助教作起，將來作教授，一定比作記者出色多了。」

就這樣，我的記者夢幻滅了。而後選擇了外交。

筆者初任司長之時，部長是朱撫松先生。

每年年尾，部長照例有一個年終大宴，慰勞全體外交記者。各司處主管都應邀作陪。

宴會開始前，朱部長先致辭，感謝一年來各位記者的合作。部長又幽默的說：「各位同仁，今天在諸位四周的都是記者小姐們和記者先生們。他們挖消息的工夫可說是無孔不入的，是以諸位說話，可得特別小心。」

宴會開動之時，全部賓主約有十來桌。筆者這桌分配了四位女記者、五位男記者。另兩位外交部同仁。針對部長的致辭，筆者打趣說：「各位記者女士們、記者先生們。今天在諸位四周的都是擅長外交辭令的外交官。所以，他們所說的話，各位也不必太過認真啦！」惹得記者們哈哈大笑。

而後，筆者把這段經過說給大家聽，雖說事隔多年。總因夢想未成真，雖沒有什麼好後悔的，心頭多少有一點悵惘！

十九 按部就班

小時讀書，不知用功。小學讀了五年，由於抗戰逃難，勉強升入一位親戚所創辦的中學讀初一。讀了一個學期，因經常患病，轉入一所私立初中。前者離城數十華里，須住校。後者靠近城區，可走讀。住在家中。私立初中讀完兩年半，經兩次考試，筆者僥倖考入省立南昌一中讀春季班高一。高一讀了一年，又因戰禍，由江西廣昌，單身流落至黎川。在黎川考上陸軍衛生勤務訓練所。到福建邵武攻讀軍醫。原定四年畢業，只讀了一年，抗戰勝利，訓練所結束，改編為醫院——南昌總醫院。訓練所主任任院長，各部科主任，主治醫師、總醫師、住院醫師，都是原先的主任教官、教官、和助教。我們兩班同學，每人拿到一張畢業證書。成績好的，每班四人，共八人，留在醫院任助理員。其餘的同學，全分發到軍隊任醫官。

南昌總醫院實際上未成立。我們全班人馬在南昌待命了三個月，於民國三十五年夏奉命到南京湯山，接手南京首都陸海空軍總醫院。我們同學八人，或分配在檢驗室，或分發在護理部，筆者因為成績好，除了生理學只拿到八十五分外，其他各科全是一百分。因而派在內科部主治醫師賈友三大夫手下擔任住院醫師的工作，負責第六病房的六十位左右的病患。但只作了一年左右，醫院院長換了陸軍軍醫學校畢業的景凌霸少將。他將筆者派到X光室，學習X光技術。好讓筆者公餘可猛K書，準備重考大學讀醫科。

三十七年年底國共徐蚌會戰，國軍失利，我們醫院全員由南京遷到廣州。筆者回到江西南昌老家過農曆春節。

筆者三十八年初離家赴廣州，父親再三叮囑：「作事要按部就班。一步登天也不見得是好事。你過去讀書，好高騖遠，那是不對的！」

想不到，我從廣州來到台灣，一個人自己供養自己，考上台灣大學讀法學院，畢業後考入外交部工作。

筆者民國四十六年進部，四十九年外放助理三祕，歷經總領事館副領事、領事、再回部任科長。之後，作了兩任一等秘書，六十四年任副司長，而後作了三任參事，六十九年任駐約旦代表。算起來，已經作了二十三年的「夥計」了。而且經歷過許多艱難。升官升得可慢了，一步也沒跳過，之後，七十五年任司長，七十八年外放泰國任大使代表，八十三年升任住約旦特任代表。八十六年六月退職。四十年外交生涯，資歷最為完整。也就是說升官最為緩慢。但是，我一點也不怨。人貴有自知之明。個人聰明才智，不過中人之資。若不按部就班，自不量力，只求越級升遷，一跌下來，一定不可收拾。

不信？同仁中便有先當大使，而後跌下來任參事的。還有二十年一級都沒升的。「按部就班」，先父的話一點不錯。

二十　福將

許多同事都愛稱筆者為福將。筆者真是受寵若驚。

所謂「福將」，大約可分為兩類。第一類是聖、賢、豪、傑之流的特出人才。他們頭腦好、學驗好、品德好，行動敏捷，反應快速，判斷正確，膽力超人，因此，遇上任何困難，都能「逢凶化吉，遇難成祥。」而成為有福之人。第二類是：其人智慧不高、能力不強、學識不富、經驗不足，口才不佳，反應不快，但心存厚道，待人誠懇，運氣特好。遇上困難，總是有貴人及時出現，施以援手。因此也能「逢凶化吉，遇難成祥」，完成任務。假如同事們指證確實，筆者充其量也只不過是屬於第二範疇的福將。

筆者之能為上級青睞，派為駐泰國代表處代表。「福將」的味道便十分濃厚。當時，長官問我要去非洲某國任大使還是去泰國任代表，我是選擇去非洲的。原因是我曾在非洲待過十多年。而且在南斐大學唸學位，也是以非洲的政治發展為題目。至於泰國，第一，駐泰館是大館。第二，泰國華僑數目有好幾個百萬。第三，我既未在東南亞待過，也沒在亞太司工作過，對亞太地區不太瞭解。是以，不願也不敢去泰國。但最後長官還是要我去泰國。便成定局。

二十世紀初年美國有一間鋼鐵公司的董事長，姓名忘記了。他是當時企業界薪水最高的經理人。退休後，他預為自己的墓碑刻上碑文說：「長眠此地的人一無是處，他只是能得到同仁的合作、友人的支持，和長輩的指導，終能圓滿達成任務的人。」寫的真好。

記得初到泰國之時，要見他們外交部長，十分困難。即使約會好了，也只能到部長在鄉間的別墅中偷偷見面！不能走進外交部的大門。

數月之後，內閣更迭。外長易人。一位貴人好友主動電話問我：「有沒有見到新外長？要不要見？」然後，他便替我安排好了，到外交部見部長。

不久，換了部長，此一友人又電話我：「劉代表，前任部長是我好友，新任部長是我的死黨，代表要不要見？」

於是他又替我安排好了。

初到泰國，辦事困難。我請求部方開放泰勞進口。部內長官批准了。我有了這個籌碼，辦起交涉來十分方便。

還有代表處中幾位組長，如王維傑、張仁堂、錢剛鐔、游金榮、邱久炎，都是一流人才，非常忠誠幹練，把一切事情處理得妥妥當當，筆者只不過是坐享其成。幾年之後，他們都升任大使（代表），獨當一面，足資證明他們的幹才。也是我屬於第二類福將的明證。

駐約旦任代表時，十位外交記者由黃貞貞女士領隊訪約，同事張萬陸兄承辦接待工作。兩天的參訪，張秘書安排這幾位記者女士們和先生們拜見總理、新聞部長和國會議長，乘坐直升機遊覽名勝古蹟，乘坐國王遊艇遊阿卡巴港。臨走，七位直接搭乘約航班機返台的記者，約航副總經理畢大齊君同意把他們七位的經濟位全提升為頭等艙。幾個月後我返國休假，這十位記者朋友聯合請我午餐。有一位張姓記者問我「花了多少錢將經濟票升為頭等票？」我說：「升等是約航副總畢大齊先生辦的，他有沒有花錢，（當然沒有。）我不知道。」——這又證明了我是第二類福將。

李登輝總統有訪中東的傳聞，筆者和代表處秘書張萬陸兄從約旦工商部長處獲得正確消息後，立即向王儲辦公廳主任哈馬尼博士交涉，希望由王除具函邀請我總統伉儷率團訪約，同時請王儲親信陳秋華君協助向王儲進言。另一方面，我和秘書張萬陸又到札卡訪晤國王長子阿不都拉親王（胡生國王病逝後阿不都拉已繼承王位），請求他向國王進言。最後，我們還親到王宮謁見哈山王儲，當面交涉，結果一切圓滿。

總統一行將先訪問大公國，再來約旦。部方已電令沙烏地等處我國駐館選派共六位通曉阿拉伯文的同仁去杜拜支援。我駐約旦代表處全員包括本部及其他部會所派遣者共七人，只有三人略懂阿拉伯文，筆者深恐屆時應付不了，也電請部方派就近館處同仁支援。雖經亞西司也上簽呈，而主管次長房金炎似乎要考考我們，只同意派一位完全不懂阿拉伯文的科長屆時隨訪問團來「協助」。

在不得已的情形下，筆者召集全處同仁會議，大家士氣高昂，決定全力以赴。筆者並將國內派在約旦學習阿拉伯文的學員兩人也納入接待行列。結果，我們把接待工作作得非常圓滿。

訪問結束後，一位張姓記者在他所服務的報紙上發表一篇「獨家報導」，認總統之所以能訪問約旦，全係華僑某一人促成。部方將剪報寄到代表處，把那位記者批評了幾句，也為筆者抱屈。開館務會議時，同仁多有對該位記者表示不滿，甚至咒罵。筆者說：「此次能讓駐在國邀請我總統來訪，一個人的能力能否辦得到，只要有一點點頭腦、讀過幾年書的人，一定能作判斷。我認為：這次層峯的來訪成功，一是長官的正確指示，一是同仁的全力合作，一是友人——華僑和約旦官員——的大力支援，終於功德圓滿。本人智慧不足，能力有限，確確實實是坐享其成。因為，我是外交部有名的福將。」

事後，凡參與接待總統工作的同仁，都由代表處具名申請主管部予以記功或嘉獎。只有一位同仁，為長官否決。沒得到嘉獎。其餘是「個個有獎」。

本人是政務官，不必申請、所以也沒有獲得任何嘉獎或記功。

二十一 作事的代表

在前輩外交官中，劉宗翰大使有聖人之稱。都說他在作人方面十分週到。其次，劉達人大使有亞聖人之稱。達公笑口常開，克己待人，受同事的敬愛不亞於劉宗翰大使。

筆者在泰國任代表之時，老長官楊西崑大使伉儷經由曼谷返國。筆者曾數度追隨宿公（楊西崑字宿佛）訪問南非三邦——巴斯托欄（賴索托）、貝川納蘭（波札那）和史瓦濟蘭。為申故吏之敬，筆者當天中午在 Heritage Club 擺了一桌酒席款待。代表處同仁包括副代表、秘書、領務、公關、僑務、情治、總務、文化、經濟各組組長和武官作陪。

席間，楊大使說話不多。楊夫人卻滔滔不絕，暢談特異功能。

宴會結束，宿公臨走，對我的同事們說：「你們劉代表是作事的。」

記得那天是星期六，下午不上班。我們吃的是中菜。於是我請同事們再到俱樂部的咖啡廳喝咖啡。

我問同事：「楊大使說我是『作事的』代表，你們認為如何？」

副代表說：「當然是誇讚之詞。」

其他同仁也附和。

筆者說：「我們公務員，大概可分為：會作事的、會作官的和會作人的三大性向。有的同仁，會作人又會作事，更會作官。有的人，像我，只會作事，別的不懂。楊大使一言中的，不是誇讚的話。是實話實說。我生平嫉惡如仇，早年便得罪過宿公，我的作人，實在不行。作官，尤其談不到。」

同仁們半信半疑。

我說：「我舉一個事實來說明。」

我在駐約翰尼斯堡總領事館任副領事時，頂著領事頭銜，和南非三小國建立聯絡管道和他們的政要時相過從。巴斯托蘭獨立之前，我開著自己的小福特，跑了好多趟馬賽路（巴京），見總理約拿旦。花了九牛二虎之力，爭取到邀我政府派特使參加他們獨立慶典的邀請函。又跑了三趟，和約拿旦總理商定了在巴國獨立的次日，總理和我國特使簽署建交公報。建交公報由約拿旦總理親自核定後，我把公報稿帶回約堡打字。

我國派楊西崑為特使。

他到達約堡的當天，向我們總領事說：「部方攷績會議，有委員說：『劉領事已連拿五年甲等，今年應讓給別人。』但我堅持：努力辦事的，年年拿甲等攷績也不為過。不努力的，不但不可拿甲等，甚至應該免職。」

他又指示總領事說：「劉領事跑三地從不拿出差費，但這次陪我去巴蘇托蘭，可依規定向部方申報出差費。」

我們次日午飯後去巴京馬賽路，傍晚抵達。住在小旅館中。當晚參加總理酒會。一宿無話。第二天全天參加慶典。第三天清早，我陪他到總理官邸，見約拿旦總理。寒暄之後，我從公文箱（當時，流行的〇〇七手提箱）中拿出約拿旦總理核定的建交公報。雙方簽署定案。巴蘇托蘭獨立慶典後更名為賴索托王國。

回到約堡，楊特使對我說：「漫輕兄：這趟出差辛苦啦。呈部電報就由隨同我來的秘書迻譯拍發吧。而且要用我隨身帶來電報本呢！」

改績甲等、報出差費、由他自己的秘書發電報。在在都顯示他很會作人。不是嗎？

若干年後，我看到民國五十五年十月三日宿公呈部第七八八號電。電文如次：

部次長鈞鑒並請轉呈總統鈞鑒：職「應邀」（註一）參加賴索托獨立慶典，十月一日（註二）抵馬賽路。參加國王國宴、總理酒會、其他慶典（註三）。分訪總理、副總理、司法部長，資助執政黨鞏固其地位。……三日晨赴總理官邸，簽訂由職早經備就之建交公報（註四）。總理一再囑職代向總統及部長致候。職楊〇〇

註一．賴索托致函我政府，邀請我政府派特使參與其獨立慶典，楊特使是「奉派」參加，而非「應邀」。這便是會做官的人所說的話。依照賴國規定，每國只邀一人。特使的夫人、秘書、都不被接受。真正被邀請的個人，只有筆者一人。而且是總理和外長親口邀請的。（若見諸文字，恐他國抗議。）十月二日晚 State Ball，除了牙買

加特使是女性外，其他國家特使都是男性。參加舞會的女性，只有王后、總理夫人和外長夫人而已。男賓都以找不到舞伴為苦。侍衛來告筆者，謂筆者好友南非金山大學的教授布勒金（John Blacking）和兩位講師 Miss Gleria Luckson 和 Miss Maria Luckson 姊妹（此兩位小姐都是華裔南斐人）擬請我准許他們入內相見，可否同意，筆者說：「正愁找不到舞伴，請他們進來。」結果，會場多了兩位小姐。特使們甚至國王都來向我借舞伴。

註二・十月一日只參加總理歡迎酒會，無其他節目。

註三・無國宴，只有 State Ball（舞會）。

註四・建交公報係筆者由約堡到賴京，跑了好幾趟，和約拿旦總理共同擬定。而且公報一式兩份，由筆者親自打字，放在隨身的○○七手提箱中。

此一電報，筆者的名字都沒有，大家才充分了解；為什麼楊宿公說筆者是「作事的代表」。但到頭來，彼此都是特任九○○俸級退職，似乎誰也沒佔到便宜。

二十二 差一點成為老賊

民國八十年冬，筆者時任駐泰代表。在辦完國慶酒會、辛亥革命成功八十年畫展、和老總統誕辰日舉行的「代表杯高爾夫球邀請賽」之後，我和內人回國休假。一則可和在國內行醫的一女一兒相聚，一則可和從大陸同來台灣的老朋友們喝上幾杯。

有一天，寶強公司的羅董事長邀宴，吃台菜。賓主共十二人，大家都稱我為劉代表。除了有一對夫妻是初次相見外，其餘都是老朋友。

酒酣耳熱之際，老朋友相聚，大家友情畢露，免不了會鬧酒、說笑。可真是笑聲不斷。但我發現：只有這對夫妻，由花蓮來台北探親的某公司董事長與夫人，甚少說話。而且一臉凝重，似乎心中有不快的表情。

筆者心想：鄉下人，初次見面，免不了有些拘束也是很自然的，所以也沒放在心上。

宴會快結束之時，主人站起來講話：

「各位好朋友。我們劉代表代表國家，前後派在非洲、美洲和中東各國替國家奮戰，立下許多汗馬功勞。最近派到泰國，擔任駐泰國代表，為國宣勞。不但使中泰關係更進一步，而且和當地的華僑相處融洽。照顧在泰北的難胞，無微不至。口碑甚佳，請各位老朋友一起舉杯，祝福劉代表身體健康、外交成功！」

於是與會客人全站起身敬酒。包括那一對夫妻。

之後，這對夫妻特別離席來到我身邊，向我敬酒。

那位男士說：「大家都稱您『代表』，我們因為您是從大陸來的，以為您是『萬年國代』呢，真是失禮。」

我說：「謝謝、謝謝。不敢不敢。」

那位太太說：「我和朱高正是同鄉，常常聽他罵『萬年國代』，罵『老賊』，所以，有一種錯覺。真不好意思。」

原來如此。

二十三 給不禮貌者一巴掌

筆者在駐泰代表任內，有榮幸協助政府安排李總統登輝先生和夫人率團訪問泰國，並與泰王會晤。在駐約旦代表任內，又協助政府安排李總統伉儷一行四十餘人訪問約旦，而且居停於王宮之中。本來排妥李總統與約旦國王會晤，後因我方改訂的日期，正巧胡生國王那時必須赴美國接受化療，所以未能會面。

老同事杜稜大使之公子婚宴，筆者去喝喜酒，和前榮總院長彭芳谷兄同席。我們曾經隨同施純仁先生訪問過沙烏地。也算老朋友了。席間免不了會提起「想當年」。也提起李總統訪問泰國和約旦的經過。

同桌隔兩個座位有一位「教授」，姓名不記得了。他問：「總統訪問泰、約，我們給了對方多少錢。」

筆者說：「一錢未花！」

他說：「真的嗎？」一臉詭笑。

筆者左邊有一位年輕的客人，看樣子似乎是個大學生。我問他：「您貴姓？」

他說：「姓張。」

我再問：「假如問您貴姓的人，在您答覆『姓張』之後，再問：『您真姓張嗎？』您會怎樣？」

他說：「我會給他一巴掌。」

我說：「謝謝。」

大家繼續吃菜、喝酒、聊天。但那位教授看看我，似乎還在等我的答覆。

那位教授旁邊的一位賀客，他可能是那位教授的朋友。他說：「劉大使，您還沒有回答我們教授的問題？」

我說：「謝謝這位張朋友。他已經替我說出答案了。」

我的話也許沒禮貌。但我最恨沒有憑據便懷疑別人說謊話的人，那才真是沒禮貌。

東西方人對法律基本觀念不同。我國古代，把嫌疑人當犯人。除非他能証明清白，否則，他是有罪的。西方人的觀念是：人人都是無罪的，除非你能証明他有罪，否則，他是清白的。

語言文學類　PG0468

俺是外交官

作　　者／劉　瑛
責任編輯／蔡曉雯
圖文排版／蔡瑋中
封面設計／王嵩賀

發 行 人／宋政坤
法律顧問／毛國樑　律師
印製出版／秀威資訊科技股份有限公司
114台北市內湖區瑞光路76巷65號1樓
電話：+886-2-2796-3638　傳真：+886-2-2796-1377
http://www.showwe.com.tw
劃撥帳號／19563868　戶名：秀威資訊科技股份有限公司
讀者服務信箱：service@showwe.com.tw
展售門市／國家書店（松江門市）
104台北市中山區松江路209號1樓
電話：+886-2-2518-0207　傳真：+886-2-2518-0778
網路訂購／秀威網路書店：http://www.bodbooks.tw
國家網路書店：http://www.govbooks.com.tw
圖書經銷／紅螞蟻圖書有限公司
114台北市內湖區舊宗路二段121巷28、32號4樓
電話：+886-2-2795-3656　傳真：+886-2-2795-4100

2011年01月BOD一版
定價：280元

國家圖書館出版品預行編目

俺是外交官 / 劉瑛著. -- 一版. -- 臺北市 : 秀威資訊科技, 2011.01

面； 公分. --（語言文學類 ; PG0468）

BOD版

ISBN 978-986-221-639-2（平裝）

523.36 95011262

讀者回函卡

感謝您購買本書，為提升服務品質，請填妥以下資料，將讀者回函卡直接寄回或傳真本公司，收到您的寶貴意見後，我們會收藏記錄及檢討，謝謝！
如您需要了解本公司最新出版書目、購書優惠或企劃活動，歡迎您上網查詢或下載相關資料：http:// www.showwe.com.tw

您購買的書名：______________________________

出生日期：________年________月________日

學歷：□高中 (含) 以下　□大專　□研究所 (含) 以上

職業：□製造業　□金融業　□資訊業　□軍警　□傳播業　□自由業
□服務業　□公務員　□教職　□學生　□家管　□其它____

購書地點：□網路書店　□實體書店　□書展　□郵購　□贈閱　□其他

您從何得知本書的消息？

□網路書店　□實體書店　□網路搜尋　□電子報　□書訊　□雜誌
□傳播媒體　□親友推薦　□網站推薦　□部落格　□其他________

您對本書的評價：(請填代號　1.非常滿意　2.滿意　3.尚可　4.再改進)

封面設計____　版面編排____　內容____　文／譯筆____　價格____

讀完書後您覺得：

□很有收穫　□有收穫　□收穫不多　□沒收穫

對我們的建議：______________________________

____

____

____

請貼
郵票

11466
台北市內湖區瑞光路 76 巷 65 號 1 樓

秀威資訊科技股份有限公司 收

BOD 數位出版事業部

（請沿線對折寄回，謝謝！）

姓　　名：＿＿＿＿＿＿＿＿　年齡：＿＿＿＿　性別：□女　□男

郵遞區號：□□□□□

地　　址：＿＿＿＿＿＿＿＿＿＿＿＿＿＿＿＿＿＿＿＿

聯絡電話：(日) ＿＿＿＿＿＿＿＿＿＿ (夜) ＿＿＿＿＿＿＿＿＿＿

E-mail：＿＿＿＿＿＿＿＿＿＿＿＿＿＿＿＿＿＿＿＿